Weisheit im Märchen

Weisheit im Märchen
Herausgegeben von Theodor Seifert

Angela Waiblinger

Dornröschen

Auch des Vaters liebste Tochter wandelt sich zur Frau

Kreuz Verlag

CIP-Titelaufnahme der Deutschen Bibliothek

Waiblinger, Angela:
Dornröschen: auch d. Vaters liebste Tochter
wandelt sich zur Frau /
Angela Waiblinger. – 1. Aufl. – Zürich:
Kreuz-Verl., 1988
(Weisheit im Märchen)
ISBN 3-268-00053-3

1. Auflage
© Kreuz Verlag AG Zürich 1988
Gestaltung: Hans Hug
Umschlagbild: Nicolas Robert, 1614–1685,
Heckenrose – Rosa punicea Cornuti,
Österreichische Nationalbibliothek, Wien
ISBN 3 268 00053 3

Inhalt

Vorwort 7
Dornröschen 11
Dornröschens »Verwandtschaft« 17
Das alte Paar 21
Der Frosch in der Badestube 27
Zauberinnen 39
Zahlen 49
Die dunkle Frau 55
Anna 65
Die Spindel 73
Traum-Welt 81
Der Turm 87
Die alte Frau 97
Blut-Geheimnis 105
Der Schlaf 115
Kairos 123
Die Rosen des Eros 135
Das neue Paar 143

Vorwort

"Ein Buch der Fülle«, dachte ich, nachdem ich es gelesen hatte. Der Leser wird reich beschenkt, wie bei einem Blick in eine voll erblühte Rosenhecke, hinter deren dichtem Zweigwerk manches Geheimnis verborgen sein mag, wie in diesem Märchen. Die Auslegung umkreist die Paarbeziehung, am Anfang als Hoffnung, daß »unsere Söhne und Töchter die Paarbeziehung auf einer gleichberechtigten liebenden Ebene« verwirklichen mögen, im letzten Kapitel als ermutigende Vision des »neuen Paares«.

Welchen Weg die Frau dafür zu gehen hat, welche Schritte die Grundlage einer entfalteten und verwirklichten Weiblichkeit bilden, wird in den einzelnen Kapiteln in spannender und sachkundiger Weise ausgeführt. »Die Entwicklung des Fehlenden, die Wiedereingliederung des Ausgestoßenen« ist dafür das Grundthema, dem die Autorin am Wege Dornröschens nachgeht. Sie verfolgt diesen Prozeß auf der ganz persönlichen Ebene, insbesondere der Vater-Tochter-Beziehung, sie gewährt dabei viele Einblicke in Lebensschicksale von Frauen, in Träume und innere Auseinandersetzung, bezieht diese Erfahrung aber immer wieder in das große Thema unserer Zeit, die Entfaltung und Verwirklichung des Weiblichen und insbesondere der Beziehungsfähigkeit des Menschen, ein. Das macht die Lektüre so spannend und zugleich auf ganz verschiedenen Ebenen sehr anregend: Man folgt Annas Weg und ihrer Vaterbeziehung, fühlt mit dem kleinen Mädchen, aber wird genauso rasch zum engagierten Mitdenken angeregt, wenn die Autorin die Welt der Symbole heranzieht, die großen Schicksalsgöttinnen sprechen läßt, die Zahl Dreizehn deutet, unter anderem Frosch, Spindel und Badestube bespricht oder das Geheimnis des Kairos, des rechten Zeitpunktes darstellt. Dies alles geschieht im ständigen Bezug zu dem, was jeder Leser bei sich selbst beobachten kann oder aus eigener Erfahrung gut kennt, aber vielleicht noch nicht recht verstanden, nur darunter gelitten, es noch nirgends sinnvoll eingeordnet hat.

So kann das Buch ein Stück des Weges darstellen, den man den eigenen Dornröschenweg nennen könnte. Er verbirgt sich oft noch tief im Unbewußten, bis die Zeit dafür reif ist, ihn vor sich zu sehen und zu gehen. Das könnte nach der Lektüre dieses Buches durchaus der Fall sein. Sicher ist Dornröschen »Teil in jeder Frau«, wie es im letzten Abschnitt heißt, aber auch der Mann und Vater wird sich, wenn er das Buch aus der Hand gelegt hat, eine solche Entfaltung des weiblichen Anteils seiner Seele wünschen, ja wünschen müssen.

Lassen Sie das Märchen nun zunächst in Ruhe auf sich wirken. Spüren Sie dem nach, was es in Ihnen anregt, lassen Sie sich verzaubern von der ihm eigenen Kraft und Vision, lassen Sie sich von Ihren eigenen Reaktionen überraschen.

Ein Hinweis: Die Autoren dieser Reihe haben sich bei den Texten der Märchen an folgende Ausgabe gehalten: *Kinder- und Hausmärchen. Gesammelt durch die Brüder Grimm, 2 Bände, Manesse Verlag.*

Theodor Seifert

Dornröschen

Vor Zeiten war ein König und eine Königin, die sprachen jeden Tag: »Ach, wenn wir doch ein Kind hätten!« und kriegten immer keins. Da trug sich zu, als die Königin einmal im Bade saß, daß ein Frosch aus dem Wasser ans Land kroch und zu ihr sprach: »Dein Wunsch wird erfüllt werden; ehe ein Jahr vergeht, wirst du eine Tochter zur Welt bringen.« Was der Frosch gesagt hatte, das geschah, und die Königin gebar ein Mädchen, das war so schön, daß der König vor Freude sich nicht zu lassen wußte und ein großes Fest anstellte. Er ladete nicht bloß seine Verwandten, Freunde und Bekannten, sondern auch die weisen Frauen dazu ein, damit sie dem Kind hold und gewogen wären. Es waren ihrer dreizehn in seinem Reiche; weil er aber nur zwölf goldene Teller hatte, von welchen sie essen sollten, so mußte eine von ihnen daheim bleiben. Das Fest ward mit aller Pracht gefeiert, und als es zu Ende war, beschenkten die weisen Frauen das Kind mit ihren Wundergaben: die eine mit Tugend, die andere mit Schönheit, die dritte mit Reichtum, und so mit allem, was auf der Welt zu wünschen ist. Als elfe ihre Sprüche eben getan hatten, trat plötzlich die dreizehnte herein. Sie wollte sich dafür rächen, daß sie nicht eingeladen war, und ohne jemand zu grüßen oder nur anzusehen, rief sie mit lauter Stimme: »Die Königstochter soll sich in ihrem fünfzehnten Jahr an einer Spindel stechen und tot hinfallen.« Und ohne ein Wort weiter zu sprechen, kehrte sie sich um und verließ den Saal. Alle waren erschrocken, da trat die zwölfte hervor, die ihren Wunsch noch übrig hatte, und weil sie den bösen Spruch nicht aufheben, sondern nur ihn mildern konnte, so sagte sie: »Es soll aber kein Tod sein, sondern ein hundertjähriger tiefer Schlaf, in welchen die Königstochter fällt.«

Der König, der sein liebes Kind vor dem Unglück gern bewahren wollte, ließ den Befehl ausgehen, daß alle Spindeln im ganzen Königreiche sollten verbrannt werden. An dem Mädchen aber wurden die Gaben der weisen Frauen sämtlich erfüllt, denn es war so schön, sittsam, freundlich und verständig, daß es jedermann, der es ansah, liebhaben mußte. Es geschah, daß an dem Tage, wo es gerade fünfzehn Jahre alt ward, der König und die Königin nicht zu Hause waren und das Mädchen ganz allein im Schloß zurückblieb. Da ging es allerorten herum, besah Stuben und Kammern, wie es Lust hatte, und kam endlich auch an einen alten Turm. Es stieg die enge Wendeltreppe hinauf und gelangte zu einer kleinen Türe. In dem Schloß steckte ein verrosteter Schlüssel, und als es umdrehte, sprang die Türe auf und saß da in einem kleinen Stübchen eine alte Frau mit einer Spindel und spann emsig ihren Flachs. »Guten Tag, du altes Mütterchen«, sprach die Königstochter, »was machst du da?« – »Ich spinne«, sagte die Alte und nickte mit dem Kopf. »Was ist das für ein Ding, das so lustig herumspringt?« sprach das Mädchen, nahm die Spindel und wollte auch spinnen. Kaum hatte sie aber die Spindel angerührt, so ging der Zauberspruch in Erfüllung, und sie stach sich damit in den Finger.

In dem Augenblick aber, wo sie den Stich empfand, fiel sie auf das Bett nieder, das dastand, und lag in einem tiefen Schlaf. Und dieser Schlaf verbreitete sich über das ganze Schloß: der König und die Königin, die eben heimgekommen und in den Saal getreten waren, fingen an einzuschlafen und der ganze Hofstaat mit ihnen. Da schliefen auch die Pferde im Stall, die Hunde im Hofe, die Tauben auf dem Dache, die Fliegen an der Wand, ja, das Feuer, das auf dem Herde flackerte, ward still und schlief ein, und der Braten hörte auf zu brutzeln, und der Koch, der den Küchenjungen, weil er etwas versehen hatte, in den Haaren ziehen wollte, ließ ihn los und schlief. Und der Wind legte sich, und auf den Bäumen vor dem Schloß regte sich kein Blättchen mehr.

Rings um das Schloß aber begann eine Dornenhecke zu wachsen, die jedes Jahr höher ward und endlich das ganze Schloß umzog und darüber hinaus wuchs, daß gar nichts mehr davon zu sehen war, selbst nicht die Fahne auf dem Dach. Es ging aber die Sage in dem Land von dem schönen schlafenden Dornröschen, denn so ward die Königstochter genannt, also daß von Zeit zu Zeit

Königssöhne kamen und durch die Hecke in das Schloß dringen wollten. Es war ihnen aber nicht möglich, denn die Dornen, als hätten sie Hände, hielten fest zusammen, und die Jünglinge blieben darin hängen, konnten sich nicht wieder losmachen und starben eines jämmerlichen Todes. Nach langen langen Jahren kam wieder einmal ein Königssohn in das Land und hörte, wie ein alter Mann von der Dornhecke erzählte, es sollte ein Schloß dahinter stehen, in welchem eine wunderschöne Königstochter, Dornröschen genannt, schon seit hundert Jahren schliefe, und mit ihr schliefe der König und die Königin und der ganze Hofstaat. Er wußte auch von seinem Großvater, daß schon viele Königssöhne gekommen wären und versucht hätten, durch die Dornenhecke zu dringen, aber sie wären darin hängengeblieben und eines traurigen Todes gestorben. Da sprach der Jüngling: »Ich fürchte mich nicht, ich will hinaus und das schöne Dornröschen sehen.« Der gute Alte mochte ihm abraten, wie er wollte, er hörte nicht auf seine Worte.

Nun waren aber gerade die hundert Jahre verflossen, und der Tag war gekommen, wo Dornröschen wieder erwachen sollte. Als der Königssohn sich der Dornenhecke näherte, waren es lauter große schöne Blumen, die taten sich von selbst auseinander und ließen ihn unbeschädigt hindurch, und hinter ihm taten sie sich wieder als eine Hecke zusammen. Im Schloßhof sah er die Pferde und scheckigen Jagdhunde liegen und schlafen, auf dem Dache saßen die Tauben und hatten das Köpfchen unter die Flügel gesteckt. Und als er ins Haus kam, schliefen die Fliegen an der Wand, der Koch in der Küche hielt noch die Hand, als wollte er den Jungen anpacken, und die Magd saß vor dem schwarzen Huhn, das sollte gerupft werden. Da ging er weiter und sah im Saale den ganzen Hofstaat liegen und schlafen, und oben bei dem Throne lag der König und die Königin. Da ging er noch weiter, und alles war so still, daß einer seinen Atem hören konnte, und endlich kam er zu dem Turm und öffnete die Türe zu der kleinen Stube, in welcher Dornröschen schlief. Da lag es und war so schön, daß er die Augen nicht abwenden konnte, und er bückte sich und gab ihm einen Kuß. Wie er es mit dem Kuß berührt hatte, schlug Dornröschen die Augen auf, erwachte und blickte ihn ganz freundlich an. Da gingen sie zusammen herab, und der König erwachte und die Königin und der ganze Hofstaat und sahen einander mit großen Augen an. Und die Pferde im Hof standen auf und rüttelten sich: die Jagdhunde sprangen und wedelten: die Tauben auf dem Dache zogen das Köpfchen unterm Flügel hervor, sahen umher und flogen ins Feld: die Fliegen an den Wänden krochen weiter: das Feuer in der Küche erhob sich, flackerte und kochte das Essen: der Braten fing an zu brutzeln: und der Koch gab dem Jungen eine Ohrfeige, daß er schrie: und die Magd rupfte das Huhn fertig. Und da wurde die Hochzeit des Königssohns mit dem Dornröschen in aller Pracht gefeiert, und sie lebten vergnügt bis an ihr Ende.

Dornröschens »Verwandtschaft«

Das »Dornröschen« gehört zu den Märchen, die Märchenforscher, Literaturwissenschaftler und Dichter sehr beschäftigt und zu den verschiedensten Deutungen veranlaßt haben. So hat zum Beispiel Uhland dieses Märchen auf eine alte Rechtsformel zurückgeführt, »nach der eine Leibeigene durch die Heirat mit einem Freien ›wiedergeboren‹, das heißt frei wird«.[1] Die bekannte Matriarchats-Forscherin Heide Göttner-Abendroth erkennt im Dornröschen sowohl das bedrohte göttliche Kind, die Erbprinzessin, als auch die Mutter-Göttin selbst. Sie bezieht dieses Märchen auf die Vegetationsmythen der matriarchalen Epoche und vergleicht es mit dem keltischen Mythos von Modron/Morrigain, die, von einem Flammenwall statt einer Dornenhecke umgeben, den Jenseits-Schlaf schläft.[2]

Das Märchen vom Dornröschen war und ist nicht nur in vielen europäischen Ländern verbreitet, es gibt auch arabische, indische und sogar malaiische Versionen, und es wird in verschiedenen Varianten erzählt. Eine besonders häufige Variante ist die, daß die Königstochter nicht vom Kuß des Prinzen erwacht, sondern nach seiner Umarmung im Schlaf zwei Kinder gebiert, »Sonne« und »Mond« genannt, wobei sie in dieser Fassung Talia heißt und als Thalia, Tochter des Hephaistos (der göttliche Schmied, Ehemann der Liebesgöttin Aphrodite) wiederzuerkennen ist, die, wie viele Unsterbliche und Sterbliche vor und nach ihr, vom Göttervater Zeus ihre Kinder empfängt, die Eifersucht der Hera, Zeus' Gattin, fürchten muß und sich deshalb im Inneren der Erde verbirgt. Hier sind also wieder die mythischen Motive der Fruchtbarkeits- und Vegetationsmysterien zu erkennen, die uns besonders eindringlich im Mythos von Demeter und Kore überliefert sind. Auch Kore, Tochter der Demeter, die Göttin der Fruchtbarkeit, insbesondere des Getreides ist, wird eine Zeitlang dem Leben entzogen – nicht durch hundertjährigen Schlaf, sondern dadurch, daß sie der Todes- und Unterweltsgott Hades beim unschuldigen Spiel, das heißt als Mädchen, raubt und sie zu seiner Gattin macht. Ob Dornröschen sich aus viel älteren Mythen oder Sagen herleitet – zum Beispiel aus der Nibelungensage, in welcher der Gottkönig Odin eine seiner Walküren, Brynhild, für Ungehorsam bestraft, indem er sie mit dem Schlafdorn (Flachs) sticht und hinter der Waberlohe auf einem Felsen schlafen läßt, bis Sigurd sie heldenhaft befreit –, ist nicht erwiesen und wird von den meisten Mythen- und Märchenforschern bezweifelt.

Auch wenn die Märchen sich nicht direkt aus Mythen, Sagen und Legenden entwickelt haben, so gibt es doch immer wiederkehrende Motive in beiden. So schläft ja auch Schneewittchen einen Zauberschlaf, und das Mädchen, das seiner Spindel in einen Brunnen nachspringt und dadurch zu Frau Holle gelangt, begibt sich wie Dornröschen auf eine Jenseits-Fahrt. So eine Jenseits-Reise, eine »Nachtmeerfahrt«, kennen wir auch aus der Bibel: Jona wird von einem Walfisch geschluckt, und erst nach seiner Läuterung darf er ans Tageslicht, ins Bewußtsein, zurückkehren. Ähnlich der Gang in die Unterwelt des Orpheus und die Irrfahrten des Odysseus mit seinen vielen Gefahren – das sind nur einige wenige Beispiele aus der weiten Verbreitung des Schlaf- oder Jenseits-Motivs. Es stellt also offensichtlich eine archetypische, das heißt grundlegend menschliche Bereitschaft dar, sich in einen mystischen Prozeß der Seele zu begeben, um dadurch Kräfte zu erlangen, die nicht erreicht werden können, solange der Körper äußerlich tätig bleibt.

Wir kennen Geschichten über Schamanen, deren Geist den schlafenden Körper verläßt, damit sie ihre zauberischen und heilenden Aufgaben vollbringen können, und wir lesen auch über die Berserker, die den berühmten Berserkergang gingen, das heißt, während sie schliefen, schlug sich ihr Geist in Gestalt eines Bären siegreich im Kampf. Man konnte hinterher nur an der Erschöpfung und einer Armwunde des Berserkers erkennen, daß er gekämpft hatte, wenn er als Bär an der Vorderpfote verletzt worden war.

In den meisten Variationen des Dornröschen-Märchens gibt es einige sich gleichende Motive:

– Ein Königspaar bekommt lange kein Kind;
– einer mächtigen Gestalt (Fee, Zauberin, Zauberer) wird ein Unrecht getan;
– im fünfzehnten Lebensjahr, der Zeit des Erwachsenwerdens, wird Dornröschen durch eine Spindel,

durch Flachs oder einen Schlafdorn in tiefen, totenähnlichen Schlaf versetzt;
- ein Prinz, der zur rechten Zeit erscheint, findet die nun reife Frau – in einigen Erzählungen macht er sie zugleich zur Mutter.

In dieser Abfolge steckt also ein wichtiges, die Menschen über längere Zeit beschäftigendes Thema. Jedes Märchen enthält ja in bildhafter Sprache beschrieben das, was in der Psyche des einzelnen und somit auch in einer Gesellschaft sich ereignet, das, was im Unbewußten aufbricht und dazu drängt, vom Bewußtsein aufgenommen und verarbeitet zu werden. Deshalb müssen sie immer und immer wieder – in vielen Variationen – erzählt werden, so wie Träume, die, in den verschiedensten Bildern dargestellt, ein Thema so lange wiederholen, bis es vom Träumer verstanden und in sein Leben bewußt hineingenommen wird. Was will also durch Dornröschen verstanden und bewußt werden?

Das alte Paar

Vor Zeiten war ein König und eine Königin, die sprachen jeden Tag: »Ach, wenn wir doch ein Kind hätten!« und kriegten immer keins.

Ein Königspaar, so beginnt die Geschichte, bekommt lange kein Kind, obwohl es sich sehr eines wünscht. Auf der kollektiven, der Menschheits-Ebene kann die über längere Zeit bestehende Sehnsucht nach dem Kind auch verstanden werden als ein Mangel, der zu dieser Zeit das bewußte menschliche Zusammenleben beherrschte. Die Partnerschaft von zwei einzelnen Menschen ist ja nur ein kleiner Ausschnitt aus der gesamten gesellschaftlichen Situation. Wenn es sich in einem Märchen um den Mangel eines Königspaares handelt, dann bedeutet dies, daß ein Wertesystem, die herrschenden Prinzipien unzureichend oder nicht förderlich für die menschliche Entwicklung sind. Der König, der Herrscher, der Prinzipal, ist minderwertig, weil ihm etwas fehlt. Dem Königtum fehlte ein Kind. Das heißt, dem menschlichen Bewußtsein mangelte es an etwas Neuem, an einer Frucht, die eine neue Entwicklung in Gang setzt, die etwas wachsen läßt, das förderlich, ja vielleicht sogar dringend notwendig ist. Denn das Kind ist Symbol für neues Leben, für das, was wachsen und sich verwirklichen möchte, für das, was auch ganz anders sich entfalten will, als es bisher der Fall war. Doch dieses andere, Neue, Überraschende kann nicht von der herrschenden Bewußtseinslage, das heißt von bisherigen Prinzipien her entstehen. Es wird nur geboren aus der Vereinigung von männlich und weiblich, aus der Beziehung zwischen König und Königin.

Dies können wir verstehen als einen Vorgang der Ergänzung. Das herrschende Prinzip braucht etwas, um sich neu gestalten, neu und anders ordnen zu können. Und dieses Etwas ist das Weibliche, das Empfangende, sich auf das tiefere Geheimnis des Lebens, auf das Mysterium des Verwandelns – Spermium und Ei in ein Kind – Einlassende. Es geht um das Unergründliche, in der Tiefe des Uterus oder in der Dunkelheit des Unbewußten sich ineinander Verschlingende und sich damit Befruchtende.

Doch diese Vorgänge enthalten starke, mächtige Energien in sich, deshalb ist es wichtig, daß sie erst genügend lange im »Kochtopf« des Unbewußten bleiben, um dort zu »garen«, sich auf das Erscheinen an der Oberfläche vorzubereiten. Etwas, was zu schnell, zu unausgegoren hervortritt, sei es persönlich als eine zu hastig getroffene Entscheidung, sei es kollektiv als eine zu einseitige Tendenz in der Menschheitsentwicklung oder Gesellschaftsstruktur, kann zerstörerisch wirken. Und andererseits wird erst durch ein intensives Wollen, durch eine tiefe Sehnsucht das hervorgerufen, was gewünscht oder sinnvoll ist. Wenn viele Menschen sich inständig, aus tiefstem Herzen heraus, Frieden wünschen, dann wird der Frieden konstelliert, er wird sich einstellen müssen. Die Behauptung mag gewagt sein, doch es scheint so zu sein, daß im Unbewußten der Menschheit noch ungeahnte Energien bereitliegen, die, wenn sie für das Leben, für die Zukunft mit viel Phantasie und starker Sehnsucht befruchtet werden, zu unser aller Wohl tätig werden und in Erscheinung treten können.

Auch zu diesem Verständnis kann das Märchen von Dornröschen beitragen. Das Kind wird geboren, weil das Königspaar es sich so sehr wünscht, weil es über längere Zeit die Sehnsucht nach seiner Paarverwirklichung nicht aufgibt, sondern beharrlich dieser Erfüllung zulebt. Vielleicht schaffen wir es heute oder die uns nachfolgende Generation – unsere Töchter und Söhne –, die Paarbeziehung auf einer gleichberechtigten, liebevollen Ebene zu verwirklichen.

Begonnen hat die Menschheitsgeschichte mit der Dominanz der Frau. Da die Menschen der damaligen Zeit lange nicht begriffen, daß zur Erzeugung neuen Lebens der Mann notwendig ist, sondern meinten, die Frauen würden vom Mond schwanger werden, brachten sie in ihrer Vorstellung Weib und Mond zu einer Einheit zusammen und erbaten Fruchtbarkeit von der großen Mondgöttin. Denn die Umlaufbahn des Mondes und der biologische weibliche Zyklus, die Menstruation, verlaufen im selben Zeit-Rhythmus, nämlich jeweils 28 Tage. Es ist also sehr gut zu verstehen, daß die junge Menschheit die Fruchtbarkeit der Frau mit den kosmischen Phänomenen eher in Verbindung brachte – weil diese sichtbar waren – als mit der körperlichen Vereinigung von Mann und

Frau, die der beiderseitigen Lust galt. Damals war Fruchtbarkeit noch heilig, denn je größer ein Stamm, ein Volk wurde, desto mehr Sicherheit bedeutete dies für den einzelnen. Und je mehr Früchte und Tiere es gab, desto weniger war man vom Hungertod bedroht. So wurde göttlich, was Fruchtbarkeit hervorbrachte, was man mit Leben in Verbindung bringen konnte, und das war die Mutter. In ihrem Bauch wuchs neues Leben. Heilig waren auch die Erde und das Wasser, brachten sie doch die zum Überleben notwendige Nahrung hervor. Da war es kein Wunder, daß das Weibliche dominierte und schließlich im Mutterrecht seinen mächtigen Höhepunkt erreichte. Doch wie alles, das zu einseitig gelebt wird, nach seinem Gegenteil verlangt, etablierte sich nach und nach, neues Land erobernd – was immer mit der Unterwerfung alter, bis dahin bestimmender Völker und vor allem Gottesbilder einhergeht –, der Mann.

Das Weibliche, das Mütterliche jedoch ist stark, denn es ist ausgestattet mit Kräften, die das Überleben der Art garantieren. Diese Stärke der Frau ist dem Mann bis heute unheimlich, sie ängstigt ihn insgeheim, und er versuchte, sie mit allen ihm zur Verfügung stehenden Mitteln zu unterdrücken. Er meinte, er müsse die Frau total entmachten, sie zu einem hilflosen, auf ihn angewiesenen Wesen machen, und deshalb errichtete er ein mächtiges, patriarchales Imperium. Aber, wie gesagt, jede Einseitigkeit ruft ihr Gegenteil auf den Plan, und wo das eine auf der äußeren, der bewußten Ebene herrscht, konstelliert sich das andere ebenso heftig auf der inneren, der unbewußten Ebene.

Solche Entwicklungen dauern natürlich in der Gesellschaftsstruktur der Menschheit viele Jahrhunderte oder Jahrtausende. Wenn wir die vergangene zeitgeschichtliche Entwicklung betrachten, ist anzunehmen, daß wir heute wieder an einem gesellschaftlich wichtigen Wendepunkt stehen, der etwas anderes als das Bisherige verlangt. Umbrüche, Zeitwenden machen neugierig – das spüren wir an jedem Silvesterabend. Was wird kommen, wie wird es weitergehen? Können wir aus dem Alten, dem Vergangenen, vielleicht das Neue, die Zukunft, erkennen? Wenn wir gelernt haben (und wir sollten es aufgrund unseres heutigen Wissensstandes wohl getan haben), wie die Strukturen und die Rhythmen des Lebens aussehen, wenn wir sozusagen die Gesetzmäßigkeiten des Ganzen und ihre Entsprechungen in allen ihren Teilen erkennen, können wir mit großer Wahrscheinlichkeit auf das Künftige schließen.

Mythen, Sagen, Legenden und Märchen sind Erzählungen des Volkes für das Volk; jede Kultur, jede Epoche bringt ihre eigenen Variationen von immer denselben Themen hervor, die sich um die großen Fragen der Menschheit drehen wie Leben und Tod, Gott und Mensch, Liebe, Haß, Neid, Eifersucht, Barmherzigkeit, Krieg und Frieden, Reichtum und Armut, Macht und Niederlage.

Gerade wenn Geschichten wie die von Dornröschen in verschiedenen Fassungen und verschiedenen Kulturen erzählt werden, handelt es sich um ein wesentliches, bedeutungsreiches Thema. Welches ist es wohl hier? Um dies zu erschließen, ist es sinnvoll, das Märchen nach den darin auftretenden Personen, den beschriebenen Örtlichkeiten sowie den wichtigen Gegenständen zu ordnen. Dann ist die Bewegungsrichtung dieser Geschichte deutlich zu erkennen: Sie beginnt und sie endet mit einem Königspaar. Doch es gibt einen bedeutsamen Unterschied zwischen dem Anfangs- und dem Endpaar: Das Königspaar am Anfang wünscht sich ein Kind, das es lange nicht bekommt, und das Prinzessin-Prinz-Paar begegnet sich inmitten von blühenden Rosen, die einer Dornenhecke entsprungen sind. Dies erinnert an unser Weihnachtslied »Es ist ein Ros' entsprungen«, in dem es darum geht, daß endlich das Wunder wahr geworden ist, von dem die Alten schon lange wußten. Das Wunder ist die Geburt des göttlichen Kindes, das die Welt verwandeln wird, und zum Zeichen dafür erblüht mitten im kalten Winter eine Rose. Welches Wunder soll mit Dornröschen wahr werden? Ist es vielleicht die neue Paarbeziehung? Dann handelt das Märchen davon, was geschehen muß, um diese Beziehung zu verwirklichen.

Der Frosch in der Badestube

Da trug sich zu, als die Königin einmal im Bade saß, daß ein Frosch aus dem Wasser ans Land kroch und zu ihr sprach: »Dein Wunsch wird erfüllt werden; ehe ein Jahr vergeht, wirst du eine Tochter zur Welt bringen.«

Längst sind die Zeiten dahin, in denen die geschlechtliche Liebe ein Gottesakt gewesen ist, in denen sich Frauen und Männer aus ihrer natürlichen, sexuellen Lust heraus vereinigten, um somit eine göttliche Tat auf Erden zu vollbringen. Die Naturreligionen gehören – zumindest in unserer Kultur – einer jahrtausendealten Vergangenheit an, das freie Spiel der Liebe, die Freude an der Sinnlichkeit ist schon lange aus den kargen Schlafgemächern verbannt, des Mannes Wille ist die Keuschheit der Frau, die Sittlichkeit der Liebe nach dem Ehegesetz – da bleibt kein Platz mehr für die Lust. Als Götter noch Paare waren, deren Sinn und Aufgabe darin lag, sich voller Wonne ineinander zu verschlingen, um immer neues Leben zu zeugen und gebären, wußten auch die Menschen über die Geheimnisse der Geschlechtlichkeit Bescheid. Es war weibliches Wissen, das über die ganze Erde verbreitet war: »Schöpfungswonne ersannen die spinnenden oder webenden Schicksals- und Geburtsgottheiten. Das Gewebe ihrer Hände – sinnbildlich für die Verschlungenheit der Schicksalslinien – ist ein erotisches Symbol. Das gekreuzte Ineinanderschlagen der Fäden stellt die Zweiheit der Geschlechter dar, aus deren polarer Spannung sich das Menschenschicksal gestaltet. Der Schöpfungswonne entstiegen die Vergötterungen des buhlerischen Weibes, göttliche Mütter und Hetären zugleich, die Gottheiten der fruchtbaren Erde, der Vegetation, des geschlechtlichen Wildwuchses, des unersättlichen Begehrens und Gebärens: Nut und Isis in Ägypten, Ishtar in Babylon, Mylitta in Assyrien, Durga in Bengalen, Kali in Indien, die große Weltenmutter in China, Tlacoltcotl in Alt-Mexiko, Kybele in Phrygien, Nina in Sumerien, Anâhitâ in Persien, Astarte in Phönizien, Demeter, Gaia und Aphrodite in Hellas, virgo coelestis in Karthago, Ceres und Rhea, die magna mater deorum, in Rom, Nasisa bei den Cora-Indianern, Târâ im indischen, Kwanyin im chinesischen Buddhismus. Den göttlichen Verkörperungen des gebärenden Prinzips treten die göttlich-männlichen Befruchter zur Seite: Keb neben Nut, Osiris neben Isis, Attis neben Kybele, Xipe neben Tlacoltcotl, Tamuz neben Ishtar, Adonis neben Aphrodite, Čiva neben Durga. So bilden sich die göttlichen Liebespaare als Schirmgewalten der Geschlechtlichkeit. Manchmal gesellt sich zu ihnen, die göttliche Dreiheit auffüllend, das Kind – wie der Horusknabe in Ägypten. Im germanischen Pantheon fehlen weibliche Gottheiten nicht: Freya, Ostara, Hel (die spinnende Frau Holle des Märchens). Baldur und Nanna stellen das göttliche Liebespaar. Nur der hebräische Jehova thront weiblos in seiner männlichen Einsamkeit.«[3]

Die unfruchtbare Situation am Anfang des Märchens entspricht eben dieser männlichen Einsamkeit des patriarchalen Gottes, in dessen Religion König und Königin verhaftet sind. Das Weibliche ist nicht mehr bestimmend für die Paarbeziehung, es ist auch nicht mehr lebendig in der Königin selbst. Sie wird als unfruchtbar beschrieben, weil sie ihre ursprüngliche Weiblichkeit nicht lebt, sie wahrscheinlich nie kennengelernt hat, weil sie nichts weiß über die Natürlichkeit des Frauseins. Höchstwahrscheinlich ist sie innerlich eingesperrt in einer körper- und sinnenfeindlichen Erziehung der vom Männlichen bestimmten Gesetze und Regeln, ist geprägt und geängstigt von streng wachenden Vateraugen über ihre Keuschheit, hat gelernt, sich widernatürlich und schmerzhaft zusammenziehend und verkrampfend, züchtig den Blick niederzuschlagen, die Beine eng beieinander zu halten, sie unter langen Röcken sittsam zu verstecken. Ein wenig Getuschel und Gekicher mit einer guten Freundin, mit schamrotem Kopf zu erschrecken, wenn sie dabei von Mutter oder – schlimmer noch! – von Vater ertappt wird, ist alles, was es für viele Frauen jahrhundertelang bezüglich sexueller Aufklärung gab. Unter der Herrschaft des Mannes, der insgeheim ja selber Angst hatte (und wohl immer noch hat) vor der Macht der Gebärfähigkeit des Weibes, hat sie verloren, was zur Fruchtbarkeit gehört: ihre natürliche Schamlosigkeit, die Lust an der Nacktheit, die Wonne an den Abläufen ihrer körperlichen Geschlechtlichkeit.

Was braucht die Frau also, um zurückzufinden zu ihrer ursprünglichen Weiblichkeit? Das Märchen weiß es: einen Frosch. Sie braucht die Beziehung zum großen Mütterlichen, das etwas anderes ist als das Sich-Festhalten an der persönlichen Mutter. Sie muß in sich selbst das Mütterliche, das Erdhafte, die Feuchtigkeit des fruchtbaren Sumpfes entwickeln. Und dabei hilft der Frosch, Symbol der Fruchtbarkeit. Der Frosch, der aus der Tiefe kommt, symbolisiert den Instinkt, das Animalische. Er öffnet den Zugang zum Wasser des Lebens, aus dem heraus alles Lebendige einst entstand und immer noch – im Fruchtwasser des Uterus – entsteht.

Der Frosch ist der Mittler zwischen dem Luft- und Wasserbereich, denn er lebt die biologische Zwischenstufe von Kiemen- und Lungenatmung – er ist auch, aufgrund der Geschlechtswandlung in seiner Entwicklung, Sinnbild für Wiedergeburt und Auferstehung. In China symbolisiert der Frosch das Yin-Prinzip des dunklen, feuchten, weiblichen Bereiches; in Japan wird er als glückverheißend verehrt, und in Indien glaubte man, daß er die Welt stützt. Auch die Ägypter hielten viel von ihm, sie sahen in ihm die Urgöttin Heket, die als Geburtshelferin angebetet wurde. Er ist ein glitschiges Tier, vor dem viele Frauen sich ekeln, läßt dieses Glitschige doch Assoziationen vom feuchten Genitalbereich aufkommen, der ja lange Zeit für neugierig erkundende Kinderhände tabu, verboten war, vielleicht mancherorts noch ist. Die Hände gehören auf den Tisch und auf die Bettdecke, lautete eine strenge Erziehungsregel. Wie konnte da freudige Erregung, erwartungsfrohe Spannung, sehnsuchtsvolles Verlangen nach dem Feuchtwerden dieser zentralen Körperregion entstehen? Der Ausruf »Igitt, ein kalter nasser Frosch« bedeutet soviel wie »Igitt, eine feuchte glitschige Vagina« oder »Igitt, ein nasser erigierter Penis«. Und schnell verschwinden die Hände hinter dem Rücken oder werden entrüstet über dem Kopf zusammengeschlagen. Mutter Natur jedoch liebt den Sumpf, das Feuchte und das Glitschige, denn Nässe bringt Fruchtbarkeit, neues Leben. Es gibt noch mehr über den Frosch zu berichten: Im alten Volksglauben gebrauchte man Froschknöchelchen beim Liebeszauber, oder man zerrieb ein getrocknetes Frosch-Skelett zu Pulver, das zur Herstellung eines Aphrodisiakums verwendet wurde. Froschschenkel werden ja leider heute noch gerne verspeist. Bei den Finnen, Lappen und Samojeden gab es früher koboldartige Wesen, die in Gestalt von Fröschen oder Schlangen erschienen und zur Vermehrung von Getreide, Milch, Butter und sogar Geld verhalfen. Ebenso kannten diese Völker ein weibliches Wesen mit dem Namen Maahiset, auch »die Unterirdische«, in der Erde Lebende genannt, die als Frosch erschien und dem Haus, in dem sie auftauchte, Glück brachte. Deshalb verehrte man sie und servierte ihr manch gute Opferspeise.

Geopfert wurde an gewissen, dafür ausersehenen heiligen Stätten des Hauses. Bei den Balten zum Beispiel gab es die »heilige Hinterecke«, das war die dunkle Nische hinter dem Ofen in der Stube. Weiter waren die Feuerstelle, auf der gekocht und gebraten wurde, sowie die Türschwelle, die Badestube und die Korndarre ein heiliger Platz.

Die Badestube, in der ja auch der Frosch im Märchen die Geburt des lang ersehnten Kindes voraussagt, hatte – ebenfalls im baltischen Volksglauben – eine eigene Gottheit: Die Pirts mate, auch Badestubenmutter genannt, die bei Geburten half oder dafür sorgte, daß Krankheiten der Familienmitglieder rasch wieder geheilt wurden. Deshalb diente die Badestube auch als Heilstätte. Dort wurde gepudert und gesalbt, man verband Wunden und bat um die Gesundung des Kranken. Nach einer Niederkunft hielten die weiblichen Familienmitglieder ein sakrales Festmahl zum Dank an Pirts mate in der Badestube ab, und man lud dazu auch die Veles ein, das waren die Geister der Verstorbenen, die durchsichtig, weiß und weich wie Baumwolle als Nebel- und Schattengestalten durch die Badestube zogen.

Im Märchen vom Brüderchen und Schwesterchen finden wir von diesem Brauchtum etwas wieder: Das Schwesterchen, das durch Heirat mit dem König Königin und Mutter geworden war, wird von seiner eifersüchtigen Schwiegermutter im heißen Dampf des Badezimmers getötet, worauf es aber in den Nächten wieder als Schattengestalt erscheint, um für sein Kind und sein Reh zu sorgen.

Mit dem Betreten der Badestube, dem Raum, der mit Wasser, Reinigung und Nacktheit zu tun hat, begibt man sich in den Bereich der großen Mutter, zu der nicht nur Schwangerschaft und Geburt, sondern auch Sinnlichkeit und Erotik gehören. Die Kultur des Badens, der Körperpflege, die auch den gekonnten Gebrauch von wohlriechenden Essenzen, Ölen und Puder verlangt, war nicht umsonst bei vielen alten

Völkern – vor allem des Mittelmeerraumes –, die sich hoch entwickelt hatten, so verbreitet und beliebt. In unserem Land hielt man allerdings noch nie viel vom liebenden, sinnenfrohen Umgang mit dem Körper – und deshalb fehlt wahrscheinlich in unseren Märchen die Erotik, im Gegensatz zu den orientalischen. Zwar genoß man auch hierzulande in den Badestuben die Freuden des Körpers, doch dies scheint wohl eher ein vulgäres, obszönes Treiben gewesen zu sein als kunstvoll gestaltete Erotik, und es war auch mehr der Ort, an dem das einfache, »niedere« Volk sich vergnügte, die »leichten« Mädchen zu derben Späßen bereit waren, was einer Königin natürlich nicht erlaubt sein durfte. Möglicherweise blieb sie auch deshalb so lange kinderlos, weil sie allzu sittsam, prüde und verklemmt in zwar kunstvoll geschneiderten, doch stoffreichen, lang wallenden Nachtkleidern unter dicken Federbetten den König zur Liebesnacht erwartete. Sie war nicht mehr das natürliche, dem freien Liebesspiel sich öffnende Weib, das Jahrtausende vor ihr sich den Mann begehrlich auf das Lager gezogen hätte – sie muß die Sinnenfreude aus ihrem Leben verbannt haben, wie so viele Frauen ihrer Zeit. Und auch heute noch ist es für viele Frauen wichtiger, daß die Kacheln des technisch hochgestalteten Badezimmers, das ein Vermögen gekostet hat, hygienisch sauber und steril sind, als daß Eros diesen Raum regiert.

Doch eines Tages verläßt die Königin ihr unfruchtbares Schlafgemach, legt alle Nachtgewänder ab und begibt sich in die Badestube. Ist es wohl die des Schlosses, oder geht sie inkognito in eine öffentliche?

Ist es der König selbst, der ihr dort beiwohnt, oder ein junger Offizier? Wir wissen es nicht – doch sicher ist, daß eine Wandlung in ihr stattgefunden hat. Durch irgendeinen Umstand hat sich wohl ihre Einstellung zur Sexualität verändert, was durchaus mit einer außerehelichen Beziehung zu tun haben könnte. Eine neue Liebe, eine verbotene Liebesbeziehung setzt ja oft körperliche Reaktionen frei, die bisher nie erlebt wurden oder die im Laufe der Ehe wieder eingeschlafen sind. Auch neue seelische Impulse werden in so einer »verbotenen« Beziehung fast immer freigesetzt. In einer alten indischen Überlieferung über die Liebe heißt es, daß es fünf Grade der Liebe gibt, die zur Selbsterkenntnis und damit zur Ehre und zum Lob Gottes dienen. Der erste Grad ist die Liebe eines Untergebenen zu seinem Herrn, die liebende Befolgung seiner Gebote. Die zweite Stufe beschreibt die Freundesliebe. Dann folgt drittens die Liebe der Eltern zu ihrem Kind, und viertens wird dem Übenden die Gottesliebe nahegelegt. Und nun wird es spannend – denn die letzte und höchste Stufe dieser Liebesleiter ist die leidenschaftliche, verbotene Liebe; die Liebe zu einem Menschen, zu dem man aufgrund seiner gesellschaftlichen Stellung oder aus Traditions- und Gesetzesvorschriften keine solche intime Beziehung eingehen dürfte. Was kann der Sinn einer derartigen Auffassung sein? Es ist das Herausgerissenwerden des Menschen aus dem Gleichmaß, der Routine und Bequemlichkeit seines Lebens. Wenn das Herz des so leidenschaftlich Liebenden bis auf seinen Grund erschüttert wird, wenn sein Gleichgewicht ins Wanken gerät, wenn er (oder sie) den

Grund unter den Füßen zu verlieren beginnt, wenn alle Überzeugungen und Wertvorstellungen, die bisher Sicherheit geboten haben, in nichts zusammenfallen, wenn Unsicherheit, Zweifel, Schmerz und Schuld das Herz zu zerreißen drohen – dann, und nur dann ist der Mensch wirklich offen und bereit, sich ganz Gott anheimzugeben. Nun – so lautet diese alte indische Auffassung – *muß* Gott sich dieses Menschen annehmen, ihm seine Gnade gewähren. Und Gnade hat nichts mehr mit patriarchaler Strenge zu tun – Gnade leuchtet auf im liebenden Blick des mütterlichen Auges, umhüllt den Verzweifelten mit der Geborgenheit mütterlicher Arme. Diese Gnade können Frauen nicht vom alttestamentlichen Gott erwarten. Genausowenig können sie in den Erziehungspraktiken, die dieser Religion entstammen, den sinnlichen Umgang mit dem Körper, die Kunst des Eros lernen.

Erotik ist die hohe Form, die Kultur des Animalischen. Ein Tier lebt seinen sexuellen Instinkt, der Mensch hat die Fähigkeit, denselben Instinkt zu verfeinern und sich damit einen weiteren Lustbereich zu schaffen, die Begierde, die er empfindet, zu vertiefen und zu verlängern zur Wonne, in der er versinken kann. Doch um dieses zu erreichen, bedarf es des Heraustretens aus dem dumpf erlebten Animalischen, es bedarf eines höheren Bewußtseins. Die Erotik, die langsam aus kunstvoll raffinierter Kleidung zur Nacktheit führt, verlangt damit auch Wahrheit, Ehrlichkeit und ... Schamlosigkeit in ihrer besten Art.

Das heißt, man muß bereit sein, Verschleierungen aufzugeben, sich lange und eingehend betrachten zu lassen, selbst den geliebten anderen Körper anzuschauen, ohne Prüderie und falsch verstandene Scham mit ihm umzugehen. Dazu gehört Vertrauen. Wer Angst hat, gewisse Fettpölsterchen oder Falten könnten den Partner abstoßen, irgendwelche körperlichen Unregelmäßigkeiten könnten verspottet werden, der wird nicht in der Lage sein, sich dem erotischen Spiel genußvoll hinzugeben. Vertrauen wiederum erfordert ein gewisses Maß an Selbstvertrauen, und dieses Selbst-Wert-Gefühl entwickelt man eben aus der Bewußtheit über sich selbst, aus dem Wissen um die eigenen Qualitäten und Werte, aber auch um die Fehler und Schwächen, die nun einmal jeder Mensch hat.

So könnte die Reinigung im Bad vor dem Liebesakt auch als Abstreifen von Eitelkeiten, Unehrlichkeiten, Verklemmtheiten und Unwahrheiten, die nicht zu mir in meiner Nacktheit, zu meinem eigentlichen So-Sein gehören, verstanden werden. Mit dem Untertauchen ins Wasser, dem kraftvollen Element der Lebenserneuerung, das auch vom Ritual der Taufe bekannt ist, streifen wir das Aufgesetzte, die Maske, die »Rollen-Haut« ab und erscheinen in unserer eigenen Wahrhaftigkeit. In den griechischen Mysterien galt der Anblick der Bilder des gänzlich Nackten als die höchste Stufe, die Epopteia, der Einweihung. Diese Mysterien wurden allerdings zu Ehren der Vegetationsgöttin Demeter gefeiert; es handelte sich also um eine Einweihung in das tiefste Geheimnis der Weiblichkeit, die mit einem symbolisch vollführten Geschlechtsakt ihren Höhepunkt erreichte.

Hier wird besonders gut deutlich, daß die Initiative zur sexuellen Vereinigung früher von den Frauen ausging, daß ihnen die Geschlechtsbeziehung wichtig war, von ihnen als notwendig erkannt wurde und auch in Lust genossen werden konnte. Der Mann wurde von der Frau auserwählt, geholt, gelockt und gegebenenfalls kunstvoll verführt.

Das war natürlich und normal. Später allerdings hat *er* dieses ursprüngliche weibliche Verhalten verteufelt, als lasterhaft erklärt und sich als derjenige aufgeschwungen, der bestimmt, wann und wie Sexualität vollzogen wird. Er degradierte die Frau zum willen- und lustlosen »Objekt«. Sie durfte nicht mehr fühlen und empfinden, ihr wurde die Fähigkeit zum Orgasmus, den sie vorher einige tausend Jahre lang lustvoll erlebt hatte, rundweg abgesprochen. Und war doch einmal etwas von ihrem ursprünglichen Lebens- und Selbstbestimmungsdrang zu spüren, wurde sie schnellstens zur Hexe erklärt, geächtet oder gar getötet. Solche Praktiken verfehlten im Laufe der Zeit nicht ihre Wirkung: Viele Frauen wurden tatsächlich frigide, sahen in der Sexualität etwas ausschließlich Männliches (»Die Männer wollen doch immer nur das eine«), dem sie sich unterwerfen, das sie passiv erdulden mußten (»die eheliche Pflicht erfüllen«). Wo blieb da noch Raum für die faszinierend erregende, prickelnde Erotik? Eine Frau, die diesen wichtigen, gerade für sie besonders bedeutungsvollen Bereich nicht entwickeln konnte, bleibt eines wesentlichen Teils ihrer Gesamtpersönlichkeit beraubt. Die Frau ohne Lust am Frosch ist wie eine Nixe, ein trauriges Wesen mit einer kalten Fischflosse statt eines warmen Bauches, das an den Freuden der Welt keinen Anteil hat. Sie erlebt weder Freude an sich selbst noch Lust auf den Mann. Vielleicht verabscheut sie ihn, haßt ihn sogar – er läßt sie kalt, oder sie ereifert sich in heißem Zorn über ihn. Aber kann sie ihn lieben? Wohl kaum. Die Welt spaltet sich in Männer und Frauen. In den Ehen spielen sich Machtkämpfe ab; der Krieg zwischen den Geschlechtern wird so vehement geführt wie der zwischen feindlichen Nationen. Das ist eine ganz normale Reaktion: Alles Abgelehnte, Verbannte, Ausgestoßene wird böse. Davon handelt der nächste Teil der Geschichte.

Zauberinnen

Was der Frosch gesagt hatte, das geschah, und die Königin gebar ein Mädchen, das war so schön, daß der König vor Freude sich nicht zu lassen wußte und ein großes Fest anstellte. Er ladete nicht bloß seine Verwandten, Freunde und Bekannten, sondern auch die weisen Frauen dazu ein, damit sie dem Kind hold und gewogen wären.

Doch zuerst ist Freude eingekehrt im Reich, denn die Königin hat endlich ein Kind zur Welt gebracht. Natürlich ist es ein Mädchen. Es muß, der Ordnung dieses Märchens folgend, ein Mädchen sein, denn das Thema heißt ja »Entwicklung des Fehlenden, Wiedereingliederung des Ausgestoßenen«. Dies kann man sich auf der kollektiven, der gesellschaftlichen Ebene anschauen, man kann es aber auch im persönlichen Bereich zu verstehen versuchen. Beide Ebenen gehören schließlich zusammen, denn im Kollektiven kann sich nur das abspielen, was im Persönlichen bereits verwirklicht wurde. Soll mehr Weiblichkeit in der gesellschaftlichen Struktur leben, müssen sowohl Frauen als auch Männer ihre eigene weibliche Seite zu neuer Lebendigkeit erwecken.

Dieses Ausgestoßene, Unterdrückte wird hier in

einem kleinen Mädchen symbolisiert, das Vorstellungen wie anschmiegsam, zärtlich, anmutig, grazil, weich, warm, fröhlich, spielerisch, gefühlvoll, intuitiv, hingebungsvoll, offen, freudig, lieblich, entzückend, charmant, klug, pfiffig hervorruft. Es gibt sicher noch mehr, was uns zu einem Kind einfallen kann. Grundsätzlich ist das Kind Symbol für Neues, Wachsendes, sich Entwickelndes, für Hoffnung und Ganzheit. Denn das Kind bringt alles mit, was es braucht, um sich zu einem – wie auch immer gearteten – vollständigen Menschen zu entfalten. Deshalb gibt jedes neugeborene Kind zu vielerlei Wünschen auf eine bessere Zukunft Anlaß. Jetzt ist wieder eine Chance eingetreten, daß dieser Mensch, der hier als Säugling noch friedlich schlafend in seiner Wiege liegt, einmal etwas zustande bringt, was mir nicht gelungen ist. Die meisten Erwachsenengesichter überzieht – unwillkürlich, instinktiv – ein inniges Lächeln, wenn sie sich einem Neugeborenen nähern, und es ist oft etwas wie andächtige Scheu in ihren Bewegungen zu sehen, als begegneten sie etwas Heiligem. Manchmal tauchen Sehnsüchte nach Geliebtwerden, Wünsche nach Glücklichsein, Hoffnungen nach Frieden mit auf, und wie mit magischer Kraft fühlt man sich angezogen von dem Bettchen, in dem das Kind liegt, schlafend in seine geheimnisvolle Welt versunken. Und man spürt plötzlich ganz stark das Bedürfnis in sich, dieses kleine Wesen zu schützen, alles zu tun, um etwaige Gefahren von ihm abzuwenden; man möchte bergend die Arme um es legen oder einen magischen Kreis um es ziehen, über den nichts Schlimmes nach ihm greifen kann. Man möchte es in

Zaubersprüche einhüllen, einen mächtigen Schutzengel an seine Seite stellen, um es unangefochten von allen bösen Dämonen und Angriffen aufwachsen zu sehen.

Es sind ganz natürliche, sich spontan einstellende Phantasien und Vorstellungen, die Menschen in sich aufsteigen fühlen, wenn sie dem Geheimnis Kind begegnen. Denn das Kind trägt ja all ihre verborgenen Sehnsüchte und Hoffnungen; unwillkürlich projiziert, das heißt überträgt man auf dieses neue Menschenleben alle innigen Wünsche, die bei seinem Anblick wachgerufen werden. Und mit dem Bedürfnis, dieses Kind vor Bösem zu bewahren, möchte man gleichzeitig seine eigenen Hoffnungen schützen; man möchte glauben, daß sie wahr werden, möchte ihre Erfüllung nicht gefährden. So ist es nicht nur wichtig für das Kind, daß man »alle guten Geister« zusammenruft, damit diese ihm ihre Segenssprüche mit auf den Lebensweg geben, es ist auch bedeutungsvoll für die Menschen, in deren Lebensraum das Kind geboren wurde. Schließlich ist es wichtig für den Frieden der Welt und die Verständigung der Menschen untereinander, daß viele, viele gute Wünsche für das Neugeborene ausgesprochen werden, denn die Kräfte, die in den Seelen der Erwachsenen ringsumher ausgelöst werden, sind starke, hoffnungsvolle, frohe, nach Liebe und Glück strebende Energien, die plötzlich aktiviert werden. Deshalb ist ein Land, eine Familie glücklich zu schätzen, die von Kinderreichtum gesegnet ist, nicht nur, weil sie über viele Arbeitskräfte verfügt (sie hat auch genauso viele Esser), sondern weil viele positive Gedanken, Phantasien, Vorstellungen diese Menschen durchziehen und vielleicht auch in weiten Kreisen ansteckend wirken.

Es ist also für alle sinnvoll, daß sich im Laufe der Zeit vielfältige Geburtstagswunsch-Riten, die ja jedes Jahr erneuert werden können, entwickelt haben.

In einigen bäuerlichen Gegenden Frankreichs war es zum Beispiel Brauch, daß die Tiere des Hofes von der Ankunft eines Kindes benachrichtigt wurden. Vor allem den Bienen teilte man das freudige Ereignis mit, indem man ein weißes Band am Bienenkorb befestigte. Die Bienen gehören, aufgrund ihrer »Staats-Organisation«, in deren Mittelpunkt die Bienenkönigin herrscht, zum Reich der großen Mutter. Sie bilden ein Matriarchat und sind in ihrer Fruchtbarkeit nach dem Mond-Rhythmus ausgerichtet. Die Priesterinnen des berühmten Orakels in Delphi hießen aus diesem Grunde »Melissai«, die »Honigbienen«. Honig gilt ja auch, nicht nur wegen seines inzwischen genau bestimmten physiologischen Nährwertes und seines Vitamin- und Spurenelementen-Reichtums, als Heilnahrung im umfassenden, also auch im seelischen Sinne.

So ist es nicht verwunderlich, daß der König im Märchen die weisen Frauen seines Landes zu Tisch bittet, damit sie dem neugeborenen Töchterchen ihren Segen spenden.

Diese Frauen, auch Feen oder Zauberinnen genannt, sind sicher Manifestationen der eben beschriebenen Energien, die in der Seele eines Menschen wach werden können. Menschen haben sich für das, was sie in sich fühlen, für die seelischen Vorgänge, die sie in sich spüren, Vorstellungen, äußere Bilder oder Erscheinungen geschaffen, die es ihnen leichter machen, diese inneren Kräfte zu beschreiben.

So stehen beispielsweise die Engel für schützende, leitende, bestimmende, auch wichtige Gesetze festigende Energien; sie sind die Boten Gottes, haben also eine Mittlerfunktion zwischen Gott und Mensch. Den Elementarwesen – den Erdmännlein und Kobolden, Luftgeistern und Elfen, Wassermännern und Nixen, Feuergeistern und Drachen – kommt ähnliche Bedeutung zu.

Sie alle stehen, fliegen und spuken in der Außenwelt – zwar nicht wirklich sichtbar, aber bildhaft vorstellbar – und symbolisieren, was sich im Inneren der menschlichen Seele abspielt. Sie treiben ihr Unwesen, machen ihre Späße, erschrecken oder helfen auch, wie die viel zitierten Heinzelmännchen. Meist tauchen sie des Nachts auf, in der berüchtigten Geisterstunde, oder sie setzen sich dem Schlafenden auf die Brust und lassen ihn einen Alptraum erleben. Es können mächtige und gefährliche Gesellen sein, wie zum Beispiel die Vampire, die sich in die Halsschlagadern junger, schöner Frauen verlieben, es können aber auch gute, hilfreiche Geister sein, die das Haus vor Unglück, die Scheune vor Brand, die Speisekammer vor Dieben, das Vieh vor Krankheit schützen und den Familienangehörigen ein langes Leben garantieren. All diese Wesen hausen in der Vorstellung der Menschen unter den Dielen, im Kamin, in der Korndarre, im Stall, in den Sträuchern des Gartens, den Bäumen des Waldes, im Dorfteich, im Bergquell, hinter der Friedhofsmauer bei den Gräbern, in den Lüften ringsumher, zwischen Himmel und Erde. Sie hören ihre ächzenden, krächzenden Schreie im Wind, sehen ihre glühenden, gespenstischen Augen im Moor, spüren ihr Wehen im Nachtflug von Eulen und Fledermäusen.

Aufgeklärte, rationale eingestellte, im wissenschaftlichen Denken geschulte Menschen mögen nun sagen: »Alles Humbug – all das gibt es doch gar nicht.« Diese Menschen haben recht, wenn sie meinen, es gebe solche Wesen nicht aus Fleisch und Blut. Doch es gibt sie auf der nicht-materiellen, der seelischen Ebene. Es gibt sie als psychische Realität, als Bilder für seelisch-geistige Energieformen, für die, weil sie äußerlich unanschaulich sind, entsprechende Vorstellungen gefunden wurden. Und so gibt es eben auch die Feen im Märchen von Dornröschen. Was hat es nun aber mit diesen Feen, den weisen Frauen des Landes, auf sich?

Im Gegensatz zu den Hexen, die in den Märchen als böse und hinterlistig dargestellt werden, erscheinen die Feen als Unschuldbeschützerinnen und Wunscherfüllerinnen. »Fee« geht zurück auf das lateinische fatua = Weissagerin und leitet sich von fari = sprechen ab. Feen sind also dazu da, daß sie etwas sagen, aussprechen, nämlich das, was ihnen eigen ist: die Weisheit, das Wissen um das Wichtigste, und das ist für alle Wesen das Leben. Nichts ist wichtiger als das Leben, ob wir nun um Nahrung oder Frieden bitten. Wenn wir jemandem gute Wünsche übermitteln, geht es letztlich immer um das Leben. Und wer ist zuständig für dieses unser kostbarstes Gut? Natürlich die Frau, denn aus ihr heraus entsteht es. Sie weiß um Wachstum, Fortpflanzung und Tod, deshalb ist sie wissend, weise. Früher wurde in vielen Gegenden unseres Landes die Hebamme auch als weise Frau bezeichnet, denn sie weiß nicht nur viel über Kräuter und sonstige Heilmittel, sondern sie ist ständig mit dem größten Geheimnis, das es gibt, beschäftigt: dem Leben, das immer wieder neu entsteht. Daneben regiert jedoch – genauso geheimnisvoll – der Tod, denn niemand weiß, ob und wie lange ein neues Leben währen wird. Der Anfang und das Ende – das erste Baden des Babys, das letzte Waschen des Leichnams – es war und ist meist noch heute Aufgabe einer Frau.

Sowohl bei den alten germanischen als auch bei den antiken Völkern des Mittelmeerraumes hing das Leben eines Menschen von den Schicksalsfrauen ab, den Nornen oder Moiren. Sie sprachen den Schicksalsspruch über den neuen Menschen, in dem nicht nur die Länge, sondern auch die Art des Lebens enthalten war. Auffallend ist, daß, wann immer etwas Wichtiges dem Menschen mitgeteilt werden mußte, es *gesagt* worden ist. »Am Anfang war das Wort – das Wort war bei Gott.« Gott sprach zum Menschen. Und wenn er das tat, dann klar und deutlich – während Hexen und Zauberer ihre bösen Sprüche stets nur halblaut vor sich hinmurmeln, so daß ihnen niemand auf ihre abgründigen Schliche kommt.

Es ist eben nicht dasselbe, ob man einen Glückwunsch für den anderen denkt oder ob man ihn ausspricht. Der Tisch- oder Haussegen wird gesprochen, der Trinkspruch wird laut geäußert, und wenn bei einem großen Festessen nicht mindestens eine

Rede gehalten wird, dann war es kein richtig gelungenes Fest, dann hat das Entscheidende gefehlt, und die Gesellschaft läuft am Ende auseinander, als hätte es das gemeinsame Erlebnis nicht gegeben. Die Worte des Festredners nehmen die Anwesenheit der einzelnen auf und verbinden sie zu einer Gemeinschaft, zu einem Ganzen. So würde ein wichtiges und vereinigendes Ritual fehlen, wenn zu den großen Tagen des Jahres nicht die obligatorische Ansprache des Oberhauptes eines Volkes erfolgen würde. Neujahr ohne Neujahrsansprache, Ostern oder Weihnachten ohne den Segen, die närrischen Tage ohne die beliebten Büttenreden, der Schulanfang nach den Ferien ohne Gottesdienst oder eine Ansprache des Rektors, der Beginn einer Fachtagung ohne einen Vortrag? Man mag sich weigern, all dies anzuhören, es für sich selbst nicht in Anspruch nehmen oder sich über den Inhalt der jeweiligen Rede mokieren, trotzdem würde sich ein Zusammengehörigkeitsgefühl nur mangelhaft oder überhaupt nicht einstellen, wenn die zu dem jeweiligen Anlaß Berufenen einfach schweigen würden. Wer weiß es nicht, wie bedrückend und verunsichernd Schweigen sein kann, vor allem von Menschen, in deren Abhängigkeit man sich mehr oder weniger befindet. Das befürchtete »letzte Wort«, das jemand spricht, oder das erste Wort nach einem Streit, das so schwerfällt, weisen auf die Wichtigkeit der Sprache hin. Natürlich kann man auch viele Worte um nichts machen oder mit einer »Gardinenpredigt« den Übeltäter in Grund und Boden reden – aber man kann ihn noch viel eher »totschweigen«. Sich »einmal richtig aussprechen« mag sehr erleichternd sein; nach einer Partnerschaftskrise, in der man sich nur noch das Allernotwendigste sagte, kann das »Wieder-miteinander-ins-Gespräch-Kommen« so erlösend wirken wie das Gewitter nach einem drückenden Sommertag. Auf das Aussprechen hat Freud einst die Psychoanalyse begründet, und die meisten Psychotherapieformen arbeiten heute mit der Sprache.

Der König im Dornröschen-Märchen weiß also sehr genau, warum er die weisen Frauen des Landes anläßlich der Geburt seiner Tochter einlädt: Er erwartet natürlich ihre Segenssprüche, die verbal von ihnen gegebenen Gastgeschenke, die sie dann ja auch mitbringen, »die eine Tugend, die andere Schönheit, die dritte Reichtum und so alles, was auf der Welt zu wünschen ist«.

Es sind *Frauen,* welche die Weisheit im Lande des Königs verwalten – nicht männliche Würdenträger. Dies ist wieder ein wichtiger Hinweis auf die Thematik des Märchens: Es geht um Weibliches, um das Heranwachsen eines neuen Selbstverständnisses der Frau.

Sprachwissenschaftler, die sich mit der Urgeschichte der Sprache befassen, haben herausgefunden, daß es eine gemeinsame Sprachwurzel für die Begriffe »Feenkönigin« bei den Indianern in Mittelamerika, »Empfängnis« bei den Japanern, »Mädchen« bei den Iren und »Frau« bei den Finnen gibt.

Über das Geheimnis der Geburt – und der Wiedergeburt, das heißt der Wandlung von Altem in Neues – können Frauen natürlicherweise mehr wissen als Männer. Der Mann erforscht vieles, erkennt es wissenschaftlich-rational; das Eigentliche, das Geheimnis, um das es im Innersten geht, versteht er mit seinen noch so weit entwickelten Denkansätzen kaum. Doch die Frau weiß, weil sie umfassend, das Ganze durchdringend, das Irrationale mit einschließend denken kann, um die Mysterien von Leben und Tod, von den Zusammenhängen zwischen Gott und Mensch.

Folgerichtig müssen die weisen Feen also im Märchen auftreten – doch wie es zum Aufbau eines jeden Dramas gehört, passiert gerade an dem Punkt, an dem das Geschehnis sich zum Guten hinbewegt, ein ganz entscheidender Fehler, der sich allerdings später als nützlich erweist. Fehler sind ja bekanntlich dazu da, gemacht zu werden, weil man oft erst durch sie das, worauf es wirklich ankommt, erkennen kann. Der Volksmund weiß dies, wie so vieles, schon lange: Irren ist menschlich.

Durch einen Irrtum – über den Schrecken, den er hervorruft – wird der Mensch oft erst aufmerksam auf die Auswirkungen seines Handelns. So ergeht es auch dem König im Märchen.

Zahlen

Es waren ihrer dreizehn in seinem Reiche; weil er aber nur zwölf goldene Teller hatte, von welchen sie essen sollten, so mußte eine von ihnen daheim bleiben. Das Fest ward mit aller Pracht gefeiert, und als es zu Ende war, beschenkten die weisen Frauen das Kind mit ihren Wundergaben: die eine mit Tugend, die andere mit Schönheit, die dritte mit Reichtum, und so mit allem, was auf der Welt zu wünschen ist. Als elfe ihre Sprüche eben getan hatten, trat plötzlich die dreizehnte herein. Sie wollte sich dafür rächen, daß sie nicht eingeladen war, und ohne jemand zu grüßen oder nur anzusehen, rief sie mit lauter Stimme: »Die Königstochter soll sich in ihrem fünfzehnten Jahr an einer Spindel stechen und tot hinfallen.« Und ohne ein Wort weiter zu sprechen, kehrte sie sich um und verließ den Saal. Alle waren erschrocken, da trat die zwölfte hervor, die ihren Wunsch noch übrig hatte, und weil sie den bösen Spruch nicht aufheben, sondern nur ihn mildern konnte, so sagte sie: »Es soll aber kein Tod sein, sondern ein hundertjähriger tiefer Schlaf, in welchen die Königstochter fällt.«

Der König lädt nicht die vollständige Zahl der weisen Frauen ein. Da er nur über zwölf Teller und zwölf Bestecke verfügt, muß die dreizehnte Fee zu Hause bleiben. Übersetzt heißt dies, daß der König, das männliche Prinzip, seiner Bequemlichkeit verhaftet bleibt (er könnte ja ein dreizehntes Gedeck schnell von seinem Goldschmied herstellen lassen) und rigide, starr und unflexibel an alten, überkommenen Wertvorstellungen und Regeln festhält, statt sich phantasiereich etwas Neues einfallen zu lassen, zum Beispiel etwas zu servieren, was man mit den Fingern essen kann. Wieder bleibt das Intuitive, Irrationale, das ja sehr stark zum Weiblichen gehört, ausgeschlossen, und die dunklen, unheilschwangeren Wolken ziehen bald über das ganze Land.

Auf der symbolischen Ebene betrachtet, bedeutet die Kombination von zwölf und dazu goldenen Tellern, daß die Prinzipien des Sonnenjahres herrschen, die männlich ausgerichtet sind. In matriarchaler Zeit, in der – wie schon ausgeführt – der Rhythmus des Mondes im Zusammenhang mit dem Rhythmus der geschlechtsreifen Frau für den Jahreslauf bestimmend war, teilte man ein Jahr in dreizehn Monate zu 28 Tagen ein. Der Mond aber ist das Gestirn der Nacht; und gerade die Repräsentantin der Nacht, die Frau der Dunkelheit, die dunkle Seite des Weiblichen lud der König nicht ein. Mit Einführung des Patriarchats wurde die Mondgöttin entmachtet; nicht die nächtliche, geheimnisvolle, samtene Dunkelheit und das Mysterium des weiblichen Blutes und Rhythmus bestimmte das Denken des Menschen, sondern der in alles bis in den kleinsten, finstersten Winkel hineinleuchtende, grelle, taghelle Verstand, der Angst vor den dunklen Geheimnissen des Weibes hat, der alles wissen, analysieren und erklären will, ergriff das Regime.

Der Kalender wurde geändert, und seitdem teilt das Sonnenjahr mit zwölf Monaten unsere Zeit.

Doch tief drinnen quält den Mann weiterhin die Angst vor der Abgründigkeit des Weibes. Er spürt, daß er zu weit gegangen ist, daß er, indem er die Welt entmystifizierte, meinte, daß alles Heil in der Naturwissenschaft zu finden sei (die wohl eher eine Naturunwissenheit ist), sich der Macht und Rache der dunklen Frau ausgeliefert hat. Seither ängstigt er sich vor der Zahl Dreizehn – ob er es zugibt oder laut seine Angst übertönt von oben herab –, vor dem Freitag (welcher Freya, einer mächtigen germanischen Göttin gewidmet ist) und der schwarzen Katze (einem Symbol der dunklen Weiblichkeit, Begleiterin der Hexen).

Die zwölf goldenen Teller im Königspalast symbolisieren also das patriarchale Sonnenjahr. Gold wird ja dem Männlichen zugeschrieben, weil es dem Sonnenlicht ähnelt, und Silber gehört zum Mond und zum Weiblichen. Warum die Dunkelheit, die Farbe Schwarz mit dem Bösen in Verbindung gebracht wird, während das Helle, der Tag, nur Gutes bedeutet, ist heute nicht mehr nachvollziehbar. Hat denn der grelle, helle Verstand Gutes über die Menschheit gebracht, bedeutet das superhelle Leuchten der Atombombe Gutes? Doch über die Rache der hintergangenen, geächteten Frau, vor der Männer zu Recht Angst haben können, steht im nächsten Kapitel mehr.

Die dreizehnte Fee – sie symbolisiert die Königin der Nacht, die einstige Mondgöttin – spricht das Todesurteil über das neugeborene Kind. In seinem fünfzehnten Jahr soll es sich an einer Spindel stechen und tot hinfallen. Warum tötet sie es nicht gleich, da sie ja mächtig, des Tötens kundig ist? Was bedeutet die Zahl Fünfzehn?

Vom Tag der Geburt an gerechnet, heißt das fünfzehnte Lebensjahr, daß Dornröschen vierzehn Lebensjahre hinter sich gebracht hat. In der Vierzehn ist zweimal die Sieben enthalten, und gerade diese Zahl hat eine hohe Bedeutung: Die Woche besteht aus sieben Tagen, das heißt, sie wird noch nach dem alten Mondjahr eingeteilt (4 × 7 = 28); es gibt sieben Farben, sieben Metalle, sieben Vokale, lange Zeit kannte man nur sieben Planeten. Die Entwicklungsabschnitte eines Menschen vollziehen sich sowohl im körperlichen wie auch seelischen Prozeß im Sieben-Jahre-Rhythmus: Nach den ersten sieben Jahren ist das Kind schulreif, mit vierzehn befindet es sich in der Pubertät, 21 war früher der Zeitabschnitt der Volljährigkeit, mit 28 und 35 sind Frauen, die zu Müttern wurden, vollauf mit ihren Kindern beschäftigt, im 42. Lebensjahr stecken sie dann nicht selten in der sogenannten Midlife-crisis, der 49. Geburtstag, auf den ja ein Jahr später der 50. folgt, rückt das Alter schon in bedrohliche Nähe, und mit 70 beschäftigt man sich meist ausgiebig mit dem nahenden Ende. Die Zahl Sieben wird deshalb als die Zahl der Entwicklung, der Stufenfolge, der Wiedergeburt oder Wiederkehr angesehen, also der Wandlung. Und das ist es auch, was Dornröschen in seinem fünfzehnten Lebensjahr erfährt: die für jedes Mädchen sehr grundlegende Wandlung vom Mädchen zur Frau.

Die dreizehnte Fee datiert Dornröschens Tod auf einen besonderen Tag, den Zeitpunkt, an dem aus dem Mädchen eine Frau wird. Sie will also die geschlechtsreife Frau nicht unter den Lebenden am Königshof lassen, sondern verlangt sie dann zurück in ihr dunkles Reich. Sie hat offenbar nichts dagegen, daß das Kind bei seinen Eltern bleibt, aber sie möchte Nachkommen dieses Blutes verhindern. Weiterhin erreicht sie durch die genaue Verkündigung, wie Dornröschen sterben wird, daß alle Spindeln des Landes entfernt werden. Auch hiermit verbindet sie sicherlich einen bestimmten Zweck.

Welches Geheimnis verbirgt sich in dieser Frau, die solche schreckenvollen Entscheidungen trifft?

Es ist wohl ein Wissen in der Tiefe des Unbewußten, das vom Bewußtsein nicht einfach rational zu verstehen ist, das uns hier anweht. Das geheimnisvolle Reich der untersten Psyche, da, wo sie total weiblich ist, wo das Yin, der unergründliche, dunkle Sumpf der Fruchtbarkeit und des Todes, von zartem Mondlicht silbern durchzogen, herrscht, kann nur vom ahnungsvollen Fühlen einer erfahrenen Frau – und auch von ihr nur zum Teil – erfaßt werden. Es ist wichtig, dies zu wissen, denn das Unbewußte mit seinen Geheimnissen und vollkommen irrationalen Reaktionen, die vom Bewußtsein oft als schmerzhafter »Schicksalsschlag« erlebt werden, verlangt Respekt und Ehr-Furcht. Das spürt jeder Mensch, der achtlos mit seinen Träumen, Phantasien und ihm unbewußt bleibenden Handlungen umgeht und eines

Tages als Folge davon eine schwere körperliche oder seelische Krankheit erleiden muß oder von etwas Unangenehmem überrascht wird, das plötzlich in sein Leben einbricht. Die dunkle Frau verschafft sich den Zugang zum Bewußtsein auf irgendeine Art und Weise – sie kennt alle geheimen Mittel der Zauberinnen. Es ist ratsam, sie nicht zu mißachten, sie einzubeziehen, mit ihr zu rechnen, das heißt, den dreizehnten Teller und das dreizehnte Besteck stets sorgsam geputzt im Schrank der bewußten Requisiten bereitzuhalten.

Die dunkle Frau

Die menschliche Seele hat viele Facetten. Vielerlei Verhaltensweisen, Fähigkeiten und Begabungen, Gefühle und Empfindungen, zu denen die entsprechenden Gedanken, Vorstellungen und Phantasien gehören, bestimmen den Charakter eines jeden Menschen. Nun entwickelt sich die Persönlichkeit nicht nur aus dem heraus, was Eltern und andere Erwachsene dem Kind beibringen oder was sie ihm vorleben, jedes Kind bringt darüber hinaus noch Anlagen mit, die es von seinen Großeltern und deren Eltern und Geschwistern vererbt bekommen hat.

Also gehören zum Seeleninventar des Menschen auch Anteile von Verhaltensweisen, Gefühlen, Empfindungen, Begabungen, Denkrichtungen, Phantasien und Vorstellungen seiner Ahnen. Nun könnte man die Ahnenreihe fast unendlich weit bis in die Zeit der ersten Menschen, ja bis in die Entstehungszeit der Lebewesen überhaupt zurückverfolgen; tatsächlich findet man Reste von Lebenshaltungen und -einstellungen aller menschlichen und tierischen Vorfahren in jedem heutigen Menschen. Vieles vom Verhalten der Säugetiere ist noch lebendig in uns, weniges von dem der Kaltblüter. Die Instinktwelt des Tieres geht allerdings dem intellektuell orientierten »Wissenschafts-Menschen« zunehmend verloren, doch als Veranlagung ist sie immer noch vorhanden. Anders als das Tier hat der Mensch im Laufe seiner Entwicklung eine Fähigkeit herausgebildet, die heute unsere Ethik bestimmt: die Urteilskraft. In der Geschichte von Adam und Eva ist die Entstehung dieser neuen Fähigkeit bildhaft dargestellt: Indem sie die Frucht vom Baum der Erkenntnis aßen, erkannten sie, was gut und böse ist. Seither teilen wir Menschen unser Verhalten und unsere Vorstellungen – je nach entsprechender Sozialisation – in gut und böse oder hell und dunkel ein. Ist so eine Zwei-Teilung sehr extrem und starr, kann sie auch krankhaft oder gefährlich werden, weil sie Einseitigkeiten hervorruft und Feindbilder schafft.

Die ursprünglich im Menschen angelegten, das Leben fördernden und das Leben zerstörenden Kräfte wurden von den Völkern der frühen Menschheit auch in Göttern gesehen. Entweder beschrieben sie eine bestimmte Gottheit als gut und böse zugleich, oder sie fanden verschiedene Namen für die helle und die dunkle Gottheit. Eine solche dunkle Gottheit der matriarchalen Zeit trug zum Beispiel den Namen Hekate. Sie wurde auch »schlüsseltragende Herrin des Alls«, »Herrin der Gräber« oder »die auf drei Wegen Wandelnde« genannt.[4] Hekate hatte Zugang zum Himmel, zur Erde und zur Unterwelt, sie trug das Wissen um Leben und Tod in sich, sie besaß den Schlüssel zu diesem Wissen – weil sie weiblich war. Aufgrund ihres Zugangs zum Reich der Toten wurde sie als schwarz, unheimlich und furchterregend beschrieben. Und da alles, was dem Leben diente, den

Menschen lieb war, bekam es die Zuordnung zu »gut«, und alles, was mit Tod zu tun hatte, wurde als »böse« erlebt. So erhielt auch Hekate und nach ihr viele der einer echten Natur-Wissenschaft kundigen Frauen, die man Hexen oder Zauberinnen nannte, das Odium von schreckenerregend und grauenvoll. Dabei ist sowohl das Leben als auch der Tod einfach nur natürlich, ein endloser Kreislauf, ein Wandlungsvorgang: Aus der Frucht entwickelt sich der Same, der zurück in die Erde fällt und eine neue Pflanze entstehen läßt.

Die Frau als Trägerin der Frucht und Gebärerin des Lebens hat von jeher einen ganz natürlichen Bezug zu diesen Wiedergeburts- und Sterbemysterien. Der männliche, einseitige Geist dagegen, der sich dem Machen-Können verschrieben hat, kann den eigentlichen Sinn solchen Geschehens nicht in seiner ganzen Tiefe erfassen. Dem patriarchalen Herrscher – der im Märchen König heißt – bleibt das Geheimnis von Leben und Tod fremd und unheimlich, es ängstigt ihn. Kein Wunder also, daß er damit lieber nichts zu tun haben will, es kurzerhand aus seinem Denken aussperrt.

Doch mächtige, in der Seele des einzelnen und in der Seele eines ganzen Volkes vorhandene Kräfte lassen sich nicht einfach ohne Folgen verdrängen. Irgendwann – im persönlichen Leben meist im ungeeignetsten Augenblick – tauchen sie auf und haben dann, weil sie lange unbeachtet blieben, so starke Energien aufgebaut, daß sie, mächtiger denn je, nun die Situation beherrschen.

So erscheint, zutiefst erbost, die dreizehnte Fee,

die dunkle Zauberin, die wohl der archaischen Muttergöttin Hekate entspricht, im Festsaal des Königs und spricht das Todesurteil über Dornröschen. Damit sagt sie dem König:

»Du, Vater, Patriarch, bist zwar Herrscher hier im Land – aber nur was das äußere Ansehen anbelangt. Die Herrscherin der inneren Angelegenheiten bin *ich,* die auf drei Wegen wandelnde, Schicksal genannt. *Ich* trage den Schlüssel zum Leben und zum Tod. *Ich* lasse dich zum Mann des Friedens werden oder zum Krieger, der seine eigenen Söhne vorschnell an meine Pforte des Totenreiches schickt, *ich* bestimme, ob dein natürliches Gefühl in dir und deinen Brüdern lebendig wird, oder ob du zum grausamen Tyrannen entartest. *Ich* segne dein Kind, dein Mädchen, oder ich töte es. Du bist nicht wert, daß es am Leben bleibt, denn du hast bereits deinen sicheren – und sichernden – Instinkt, dein Gefühl für Recht und Unrecht, für gut und böse, verloren, denn du hast mich, das Weib, verleugnet, verdrängt – und was schlimmer noch ist, verachtet und gequält. Jetzt bittest du zwar zum Schein meine hellen Schwestern an deinen Tisch, aber nur, weil sie dir nützen sollen, weil du dir Gutes von ihnen erhoffst und um so zu tun, als achtetest du das Weib. Doch du blendest mit deinen goldenen Tellern. Du bist verblendet in deiner Herrlichkeit, und deshalb verurteile ich dich zum Mann-Sein ohne weibliches Gefühl. Ich nehme zu mir zurück, was zu mir gehört. Dornröschen, deren Geburt ich deiner Frau in Gestalt eines Frosches angekündigt hatte, war bestimmt, weibliches Denken, weibliches Gefühl, sinnliche Freude, friedvolles Miteinander in der Welt hervorzurufen. Du aber, der du doch immer noch das Weibliche in seiner Ganzheit nicht annehmen willst, bist nicht reif für dieses Geschenk, das ich, die Schicksalsmutter, dir geben wollte. Bleib also in deiner vom Männlichkeitswahn entseelten Welt, hier lasse ich meine Tochter nicht.«

So könnte sie gedacht haben, die dreizehnte Fee, als sie Dornröschen zum Tode verurteilte. So hat wohl das Weibliche im Unbewußten der Menschheit während der Schreckensherrschaft des Mannes reagiert. So hat es sich in den Träumen einiger Menschen gezeigt, die danach Geschichten und Märchen erzählten. Es mußte mit seiner Botschaft immer wieder in das Bewußtsein eindringen, um endlich bemerkt zu werden, sich Gehör zu verschaffen und neue Möglichkeiten, integriert zu werden, aufzuzeigen. Seit der Mann die Herrschaft an sich gerissen hatte, kämpfte das Weibliche – mehr oder weniger erbittert, mehr oder weniger erbost – um sein (um ihr!) Recht. Immer wieder ragten im Laufe der Geschichte weibliche Gestalten sowohl aus der Götter- wie auch aus der Menschenwelt heraus, die den Kampf der Frau um ihre Stellung – *neben,* nicht *über* dem Mann – mit allen ihnen zur Verfügung stehenden Mitteln ausfochten.

Eine dieser mythischen Frauengestalten war beispielsweise Medea, die schöne Zauberin, Enkelin des Gottes Helios, die zur grausamen Mörderin wurde, als ihr Mann Jason sie verlassen wollte. Sie tötete nicht nur ihre Nebenbuhlerin und deren Vater, sondern auch ihre aus der Ehe mit Jason stammenden Söhne. In Medea wird die Kraft deutlich, die in jeder

Frau steckt: die Energie der Rache, die erwacht, wenn das Gefühl der Frau gekränkt wird. Im Mythos von Medea wird aber auch die Situation des Weiblichen der damaligen Zeit, welche bis in unser Jahrhundert hineinreicht, deutlich: Jason brauchte Medea, um das Goldene Vlies zu erringen, das heißt, der Mann braucht die Frau, um zu Ansehen, Wohlstand, Erfolg und Glück zu gelangen. Medea, das Weibliche, half ihm auch bereitwillig dabei. Gemeinsam wurden sie stark und konnten fruchtbar sein: Medea gebar Söhne, die den Bestand der Sippe garantierten. Da Medea ursprünglich eine chthonische Gottheit, eine Erdgöttin, war, heißt dieser Mythos auch, daß der Mann, der Macher, Schaffer und Krieger, die Erde, die Natur braucht. Doch wenn er sie mißbraucht, bleibt ihr nichts als die Rache.

Der griechische Dichter Euripides sieht in Medea – zu Recht – das mächtige Weibliche, wenn er sie sagen läßt:

»Zu den gewöhnlichen hilflosen Frauen
gehör' ich nicht, den stillen Dulderinnen,
das glaub' niemand: Von dem starken Schlage
bin ich, in Haß und Liebe stark und heiß.
Nur das gibt Ruhm ...«[5]

Diese Worte verraten eine Seite, die in jeder Frau verborgen lauert, mag sie auch noch so stark verdrängt oder verleugnet sein. So wie jeder Mann einen Krieger in sich trägt, haust in jeder Frau auch die Mörderin Medea.

Ob es schlimm ist oder nicht, daß wir alle auch Krieger und Mörder, Hexen, Zauberinnen und Teufel sind, darüber läßt sich streiten. Doch dieser Streit ist müßig, denn *daß* es so ist, können wir sowohl in den Märchen, Mythen und Sagen aller Völker, in den Geschichtsbüchern aller Zeiten, aber auch in Gerichtsakten und den Tageszeitungen nachlesen. Die meisten Menschen reagieren mit heftiger Ablehnung auf so eine Aussage, wollen sie nicht wahrhaben und halten an der mehr illusionären denn realistischen Überzeugung fest, daß der Mensch nur gut sei. Gewiß, der Mensch ist auch gut, aber eben *auch*. So wie die Natur sowohl Kräfte der Fruchtbarkeit als auch des Todes und der Zerstörung zeigt, so trägt der Mensch die gleichen Energien in sich, denn er ist Natur. Was der Mensch allerdings aus seinen Anlagen, Möglichkeiten, Fähigkeiten macht, das ist das Resultat seiner Entscheidung, und die wiederum kann er nur wahrhaft treffen, wenn er sich seiner Ganzheit bewußt ist. Ganz sein heißt nicht vollkommen sein, sondern vollständig. Und dazu gehören nun einmal die Antinomien, nach denen unsere Welt aufgebaut ist: plus und minus, oben und unten, hell und dunkel, gut und schlecht; gehören die Liebende und die Mörderin, der Krieger und der Priester, das Männliche und Weibliche – alles jeweils vereinigt in einem einzigen Menschen. Welch herrliche Fülle, welch grausige Kraft tragen wir da in uns! Mit dem Bewußtsein solcher inneren Energien müssen wir uns wie auf einem Vulkan sitzend vorkommen, der, in plötzlicher Explosion ausbrechend, alles um sich herum zerstören kann, der aber ebenso Heilwasser aus sich sprudeln oder die üppigsten Blumen- und Gemüsegärten auf seiner fruchtbaren Erde wachsen läßt.

Die größten Leiden, die der Mensch sich selbst angetan hat und immer noch antut, die schlimmsten Krankheiten entstammen den nicht gelebten Energien, resultieren aus dem Zurückgehaltenen, aus dem, was eingesperrt blieb im dunklen Raum des Unbewußten.

Wenn ich nicht weiß, was in mir steckt, kann ich auch nicht lernen, damit umzugehen. Im Unbewußten sind die dort gespeicherten Energien zunächst wertfrei, also weder gut noch böse, so wie in der Natur einfach die Kräfte wirksam werden, die in ihr sind. Erst das menschliche Bewußtsein, das ein Wertesystem geschaffen hat, unterscheidet zwischen gut und böse. Wir beurteilen unser Handeln, und da kann manchmal etwas gut sein, was ein anderes Mal böse ist. Es gibt zum Beispiel den heiligen Zorn, die Empörung, die entsteht, wenn jemandem Unrecht getan wird. Aus diesem heiligen Zorn heraus kann ich mit Mitteln kämpfen, die ich sonst nie verwenden würde. Doch dazu muß ich wissen, was ich tue.

Adam und Eva haben vom Baum der Erkenntnis gegessen, und dadurch wußten sie, was gut und böse ist. Sie konnten dies erst unterscheiden, nachdem sie die Schlangen-Energie in sich wachgerufen hatten. Welches sind die Schlangen-Energien? Im Indischen gibt es für sie die Bezeichnung Kundalini. Das ist die Kraft, die im Beckenbereich des menschlichen Körpers versammelt ruht, bis sie entweder im sexuellen Akt erwacht und tätig wird oder aber als Kreativität und geistig schöpferische Kraft verwendet wird. Die meisten Menschen aktivieren allerdings nur einen geringen Teil dieser Kundalini-Energien, das größere Potential bleibt unbeachtet, ungelebt, und äußert sich in vielen Fällen nur in gelegentlichen aggressiven, explosiven Ausbrüchen, wird in Alkohol oder anderen Drogen ertränkt oder verwandelt sich in körperliche oder seelische Krankheiten. Im Kollektiven entartet diese Kraft, die sinnvollerweise in die mitmenschliche Beziehung oder in schöpferische Ideen fließen könnte, in Kriege und Kriegswaffen. Männer, die nicht gelernt haben, das Weibliche, die Schlangen-Energie, die Eva in sich selbst einzubeziehen, werden niemals die Ganzheit ihrer männlichen Existenz, die Fülle ihrer schöpferischen Potenz erfahren, und was noch schlimmer ist: Sie erleben ihre Verwirklichung in destruktiven Auseinandersetzungen, im Kampf, im Krieg, in der Unterwerfung und Unterdrückung von Schwächeren.

Frauen können die Kundalini-Energien in die Vorgänge von Schwangerschaft und Geburt fließen lassen, doch oftmals ist in einer Frau mehr Kraft vorhanden, als sie braucht, um Kinder zur Welt zu bringen und aufzuziehen. Dann bleibt auch für sie die Frage nach der Verwendung ihrer nicht gelebten Potentiale, und sie muß, will sie nicht krank, unglücklich, depressiv oder resigniert-apathisch werden, Bereiche für sich finden, wo sie ihre Energien im Sinne der Selbstverwirklichung entfalten kann. Zu diesem Zweck darf sie allerdings keine Angst vor dem Bösen, vor den Hexen-Kräften in sich haben, denn den Weg des Helden, der Heldin zu gehen, das heißt, den eigenen, ganz individuellen Prozeß zur Selbstfindung zu erfahren, und er ist oft verbunden mit dem »Bösesein«. Das mag sich zeigen in einer Art von Egoismus und Rücksichtslosigkeit – zumindest wird es von anderen oft so empfunden –, im Durchschneiden von zu engen Banden, die an Haus, Herd und Familie fesseln, oder im Zurücklassen von alten, überholten Wertmaßstäben, die jetzt nur einengen und behindern. Viele Frauen scheuen sich vor diesem Weg; ihre Angst vor dem, was sie als böse empfinden, vor der Kritik und Ablehnung der anderen, vor allem der Männer, ist allzu groß, und so leugnen sie einfach ihre Ausbruchs-Bedürfnisse.

Ob nun also Frau oder Mann: Das Bewußtsein über die dunkle Seite, die wir alle in uns tragen, ist von großer Wichtigkeit und nicht zu unterschätzender Bedeutung für alle, paradoxerweise letztlich für die Zukunft und den Frieden der Welt. Es kommt eben sehr darauf an, daß mit dem Bewußtsein soweit wie möglich die Zusammenhänge von Mensch zu Mensch, Mensch zu Natur und Mensch zu Gott erfaßt und daraus Entscheidungen getroffen werden.

Die dreizehnte Fee, die dunkle, die Todes-Seite, das Weibliche in seiner abgründigen Tiefe, muß also miteinbezogen werden in die Taten des Bewußtseins. Das fällt vielen Menschen schwer – nicht nur Männern, die oft Angst vor dem Weiblichen, sowohl vor der Frau als auch vor ihrer eigenen inneren Gefühlsseite, spüren, sondern auch Frauen, die manchmal aufgrund ihrer persönlichen Geschichte zu weit in eine bestimmte, das dunkle Weibliche ausschließende Richtung gedrängt werden. Ein Beispiel dafür ist die Geschichte von Anna.

Anna

Anna war der kleine Liebling ihres Vaters, sein »Püppchen«, wie er sie zärtlich und stolz nannte. Stolz wollte er immer auf sie sein, und so bekam sie die hübschesten Kleidchen, die es gab, und die größten Schleifen ins Haar. Sie sollte aussehen wie eine kleine Prinzessin. Aber sie mußte sich von Anfang an auch so benehmen, seine Erziehungsgrundsätze waren streng und unerbittlich. Er wartete ungeduldig darauf, daß das kleine Mädchen früh sitzen, laufen und sprechen lernte, er überwachte seine Frau bei der Sauberkeitserziehung, und beim dritten Weihnachtsfest ihres Lebens (Anna war zweieinhalb Jahre) mußte »Püppchen« – in einem dunkelblauen Wollkleidchen, auf dem lauter kleine silberne Sternchen funkelten – ein drei Strophen langes Gedicht vor dem Weihnachtsmann aufsagen.

Die Gedichte wurden dann von Jahr zu Jahr länger, und zwischendurch lehrte die Mutter sie viele kleine Verse, Lieder und Geschichten, die sie abends dem Vater vorsingen, spielen und erzählen mußte. Anna bekam die teuersten Spielsachen, mit denen sie sich aber nicht zu spielen getraute, weil sie Angst hatte, etwas kaputtzumachen. So wurde allmählich aus dem ursprünglich lebhaften, temperamentvollen kleinen Mädchen eine stille, gehemmte »Prinzessin«, die ein trauriges Gesicht und eine steife Haltung zeigte. Doch sie war schön, strahlte einen verhaltenen Charme aus und lernte rasch, mit den vielen Männern, die oft im Elternhaus zu Gast waren – ihr Vater hatte als Geschäftsmann viele Besprechungen zu Hause –, zu kokettieren. Vater führte sein »Püppchen« auch gerne vor, ließ sie vor den Gästen tanzen oder eines ihrer auswendig gelernten Gedichte vortragen. »Püppchen« wurde sehr bewundert, genoß den Beifall und lernte immer mehr, immer besser, denn Vater war erst richtig stolz, wenn sie sich »perfekt« präsentierte. Anna liebte ihren Vater, je länger, je mehr, denn er versprach ihr – indirekt natürlich –, sie zur Königin zu machen. Sie war stolz darauf, daß er sie so streng zu Höchstleistungen zwang, denn das zeigte ihr – in ihren Augen –, wie sehr er sie liebte und wieviel er ihr zutraute.

Die Ehe von Annas Eltern war nicht gut, es gab oft heftigen Streit, der sich meistens um amouröse Abenteuer, mal von ihr, mal von ihm, drehte, und diese Streitereien endeten stets damit, daß Vater sein »Püppchen« in die Arme nahm, sie an sich drückte und kummervoll sagte: »Ein Glück, daß ich dich habe, du bist doch meine Liebste, du wirst mich niemals verlassen.« – »Nie!« dachte Anna bei sich und schwor sich innerlich, ihrem Vater immer treu zu bleiben.

Später ging sie mit ihm auf Reisen, er führte sie in exklusive Restaurants, tanzte mit ihr in aufregenden Nachtclubs (sie war gerade vierzehn Jahre, sah aber, auch wegen ihrer eleganten, damenhaften Kleidung, wie zwanzig aus), zeigte ihr Paris, London und Wien, und es war selbstverständlich, daß sie nach der Schule in seinem Betrieb seine »rechte Hand« wurde. Niemand machte sich Gedanken darüber, warum »Püppchen« sehr oft krank war, schwere Anginen, mit acht Jahren eine Lungenentzündung, mit zehn eine Magenschleimhautentzündung und ab vierzehn häufige Migräneanfälle hatte. Sie selbst genoß ihre Krankheiten, weil sie sich nur in diesen Zeiten entspannen und ausruhen konnte.

Doch plötzlich – Anna wurde siebzehn – war für sie »alles aus«. Die Eltern hatten sich inzwischen so weit auseinandergelebt, daß sie sich trennten – aber das war nicht so schlimm für die Tochter –, viel schlimmer, ja geradezu eine Katastrophe war für sie, daß Vater eine Freundin hatte, in deren Wohnung er nun zog. Für Anna brach eine Welt zusammen, sie glaubte, nicht mehr leben zu können, kaufte sich ein Päckchen Schlaftabletten, brachte aber nur zehn Stück hinunter, weil ihr dann entsetzlich schlecht wurde, und legte sich ins Bett. Was weiter geschah, daran erinnert sie sich nicht mehr, sie weiß nur, daß plötzlich Vater wieder da war, an ihrem Bett saß, sie streichelte, ihr Fruchtsäfte, Obst und Süßigkeiten brachte, ihr beteuerte, daß sie die Liebste für ihn sei, doch auch streng hinzufügte, daß er erwarte, sie schnell wieder gesund zu sehen. Von da an lebte Anna zwei Leben: ein äußeres, angepaßtes (sich anzupassen, Haltung zu bewahren hatte sie ja gut gelernt), und ein inneres mit ihren Phantasien. Das war ihr eigentliches Leben, da blieb sie weiter die Prinzessin, jetzt aber eine traurige, weil der geliebte

»Vater-König« in ihrer Phantasie an einer schweren Krankheit gestorben war und sie nun sehnlichst auf den Prinz wartete, der sie erlösen würde.

Der »Prinz« kam auch, in Gestalt eines einige Jahre älteren Mannes, den Anna, kaum war sie zwanzig Jahre alt, nach nur kurzer Zeit des Kennenlernens heiratete. Sie redete sich ein, jetzt glücklich zu sein, doch tief in ihrem Inneren spürte sie immer noch den Schmerz, und es war ihr, als fehle etwas. So wünschte sie sich sehnlichst ein Kind, und als dieses da war, schien eine Zeitlang alles gut, denn sie hatte eine Aufgabe. Doch bald stellte es sich wieder ein, das Gefühl der Leere und des Unausgefülltseins, und sie wünschte sich und bekam ein zweites Kind. Nun fühlte sie sich für eine längere Zeit zufrieden; sie hatte mit zwei kleinen Kindern auch genug zu tun; ihr blieb nicht viel Zeit zum Nachdenken. Aber nach einigen Jahren meldete sich ihr altes Herzeleid. Sie verstand es nicht, hatte sie doch einen netten Mann, mit dem sie gut auskam, und zwei fröhliche, gesunde Kinder. Sie dachte, es liege daran, daß sie zuwenig zu tun hatte, und wünschte sich noch ein drittes Kind.

Diesem Kind widmete sie sich dann, noch mehr als den beiden anderen zuvor, voller Hingabe, aber auch dieses Kind wuchs aus dem Babyalter, in dem es intensiver Pflege bedurfte, heraus, und nun trat noch ein äußeres Ereignis ein, das Anna nicht verkraften konnte: Ihr Vater starb wirklich. Sie hatte zwar überhaupt keinen Kontakt mehr zu ihm, denn er war über ihre Heirat so erbost gewesen, daß sie für ihn »gestorben« war, aber nun schien es ihr, als sei ihr der Boden unter den Füßen weggezogen, und von da an »versank« sie allmählich, aber zunehmend in einen schweren depressiven Zustand. Sie war nur noch mit viel Mühe und Anstrengung in der Lage, ihren Haushalt und die Kinder zu versorgen; die meiste Zeit des Tages saß sie reglos in einem Sessel, als hätte sie kiloschwere Gewichte an Armen und Beinen, die ihr das Aufstehen unmöglich machten. Sie spann sich ganz in ihre innere Welt ein, verlor den Kontakt zu ihren Mitmenschen und das Verständnis ihres Mannes, der zwar mit äußeren Problemen des Lebens recht gut fertig werden konnte, auf innere Schwierigkeiten eines Menschen aber nur abwehrend und ärgerlich reagierte. Die Ehe der beiden verschlechterte sich, was wiederum Anna in eine noch ausweglosere, verzweifelte Stimmung brachte, sie zog sich auch von ihrem Mann völlig zurück, und als sie wieder einem Selbstmord nahe war, begann sie eine Psychotherapie.

Der Ehemann reagierte geradezu panisch auf die Tatsache, daß Anna sich mit »solchem Zeug für Verrückte« (er meinte die Psychotherapie) abgab und bestand auf Scheidung. Nach einer Zeit der Auseinandersetzungen willigte sie auch ein, obwohl sie unglücklich darüber war, aber heute ist Anna froh über diese Entscheidung, denn sie veränderte ihr Leben grundlegend. Heute, nach vielen Jahren, erkennt Anna auch die Zusammenhänge ihrer psychischen Erkrankung: Sie hat wirklich einen ganz wesentlichen Teil ihrer Persönlichkeit nicht gelebt – das signalisierte ihr das damalige Gefühl von Leere –, nämlich ihre geistige Seite.

Sie konnte ihren Geist nicht leben, weil er an

ihren Vater gebunden blieb. Die geistige Seite in der Frau kann sich wirklich nur zu ihrer vollen Blüte entfalten, wenn sie entsprechend angeregt wird. Es kann der Vater sein, der in seiner eigenen Persönlichkeit gut ausgereift ist, es können andere Männer sein, die dem Mädchen die verschiedenen Aspekte der Männlichkeit vorleben, es können aber auch die Mutter oder andere Frauen sein, die ihre geistigen Fähigkeiten gut entwickelt haben. Im Leben von Anna gab es zwar viele interessante Menschen, von denen sie hätte lernen können (zum Teil hat sie das auch getan, aber für das geistige Potential, das in ihr angelegt ist, war dies keineswegs ausreichend), sie hat auch viel gelesen, ist ins Theater, in Kunstausstellungen gegangen, doch leben konnte sie ihre geistigen Fähigkeiten nicht. Denn ihr Geist blieb, wie gesagt, an ihrem inneren Vaterbild »kleben«. Sie war ja dazu erzogen worden, stets nur auf ihn zu hören, zu tun, was er ihr zeigte, seine Wünsche zu erraten und zu erfüllen. Und das hat sie auch brav – bis zu ihrem Zusammenbruch – befolgt. Sie war mit sich innerlich genauso streng, anspruchsvoll und auf Perfektion bedacht wie früher er, so daß sie sich gar nicht getraute, spontan etwas zu sagen, ohne es zuvor innerlich überprüft zu haben. Sie fühlte sich für Gespräche geistiger Art zu dumm (obwohl sie es durchaus nicht war) und mied sie deshalb. Das einzige, was sie meinte, einigermaßen gut zu können, war der Umgang mit ihren Kindern, das Kochen und Pflegen der Wohnung. Doch selbst da legte sie hohe und kritische Maßstäbe an, sowohl bei sich selbst als auch bei den Kindern. So blieb sie vierzig Jahre ihres Lebens ihrem Vater innerlich treu und verzichtete auf die Entwicklung und Entfaltung eines wesentlichen Teils ihrer Persönlichkeit.

Wie aber kann es kommen, daß der Vater eine derart starke Macht auf seine Tochter ausübt? Dies ist immer dann der Fall, wenn der Vater selbst seine eigene Seele nicht genügend »blühen« läßt, wenn seine Gefühlsseite statt differenziert machtbesessen bleibt, so wie es bei Annas Vater war und so wie wir es vom König aus dem Märchen kennen, der nicht alle weisen Frauen des Landes an seinen Tisch bittet, sondern die dunkle dreizehnte einfach aussperrt.

Die Vaterbindung bei der Frau und die Mutterbindung beim Mann sind sehr starke Mächte, die viel Energie dieses Menschen nach innen ziehen und dort festhalten, so daß nach außen nur ein im kollektiven Rollenklischee sich bewegender Mensch sichtbar wird. Die Mutter- oder Vaterbindung, die nicht mit äußerer Abhängigkeit verbunden sein muß, sondern sich auf das innere Mutter/Vater-Bild bezieht, verhindert immer die Ausgestaltung und Reifung der eigenen Persönlichkeit. Deshalb muß der Weg zur Individualität eines Menschen stets über die Bewältigung des sogenannten Vater- oder Mutterkomplexes gehen, sei dieser nun positiv oder negativ. Oder anders gesagt, solange man die Beziehung zwischen seinem inneren Kind und der inneren Mutter oder dem inneren Vater nicht genau kennt, sie revidiert, neu- oder umgestaltet, so lange wird man nicht wirklich so, »wie Gott mich gemeint hat«.

Die Spindel

Der König, der sein liebes Kind vor dem Unglück gern bewahren wollte, ließ den Befehl ausgehen, daß alle Spindeln im ganzen Königreiche sollten verbrannt werden.

Alles, was in der Natur auf geheimnisvolle Weise geschieht – und die Entwicklung neuen Lebens ist das Geheimnisvollste –, erregte und faszinierte die Menschen seit jeher, es flößte ihnen auch Furcht und Respekt ein. Solche seelischen Erschütterungen muß der Mensch aber auch ertragen, er muß sie verarbeiten, um nicht seelisch und geistig krank, »verwirrt« zu werden. Das heißt, der Mensch braucht zu dem, was er sieht, was er im Außen wahrnimmt, einen Kommentar aus dem Unbewußten, aus seiner Seele. Diese Verständnishilfen übermittelt ihm die Psyche in Bildern, Träumen und Phantasien, aber auch in plötzlichen Einfällen, die oftmals blitzartige Erkenntnisse auslösen können. So sind die Geschichten, die Menschen sich seit Beginn ihres Bestehens immer und immer wieder erzählt haben – wir nennen sie heute Mythen, Märchen, Sagen und Legenden –, Kommentare, Verständnishilfen des Unbewußten für das Bewußtsein.

Die Geschichte von Dornröschen geht nun damit weiter, daß der König nach dem überraschenden Besuch der dreizehnten Fee anordnet, alle Spindeln des Reiches zu entfernen. Was bedeutet die Spindel? Warum soll sie zum Mordinstrument für Dornröschen werden?

In vielen Pubertätsriten verschiedener Kulturen wurden die jungen Mädchen während der Zeit ihrer Isolierung in mancherlei Tätigkeiten unterrichtet: Sie lernten rituelle Tänze und Lieder und neben anderen weiblichen Arbeiten vor allem Spinnen und Weben. Von jeher war das Herstellen der Kleidung den Frauen überlassen, denn der Mann beschäftigte sich in frühen Menschheitsepochen mit dem Jagen und Hüten von Tieren, oder er zog kundschaftend oder kriegführend über Land.

Derweil mußten die Frauen dafür sorgen, daß ihre neugeborenen Kinder in wärmende Tücher gehüllt werden konnten. So wurde das lebenswichtige Spinnen und Weben auch den Schicksalsgöttinnen zugeschrieben. Sie spinnen die Fäden des Lebens und wirken das Gewand unseres Daseins. Sie spinnen das Lebensnetz, in dem man sich mitunter verfangen kann, und dann glaubt man, nicht weiterzukönnen, zu stagnieren oder sich in einer Depression gefangen zu fühlen. Dem Gespinst des Schicksals haftet also etwas Mächtiges, Geheimnisvolles an. Und da ist es nicht verwunderlich, daß dem Spinnen bald magische Kraft zugeschrieben wurde. In einigen Kulturen treffen sich die jungen Mädchen nach der beendigten Isolierung der Pubertätsriten weiterhin des Abends im Haus einer alten Frau (ihrer Lehrmeisterin), um gemeinsam zu spinnen, was den jungen Männern recht suspekt erscheinen mußte, und so gab es an gewissen Orten in Japan den Brauch, daß Männer die Spinnerinnen während der Nacht angriffen, ihre Arbeit zerstörten und ihre Werkzeuge vernichteten.

Ähnliches tat auch der König, nachdem er den Todesspruch der dreizehnten Fee vernommen hatte: Er ließ alle Spindeln aus dem Land entfernen und glaubte in seiner männlichen Unwissenheit, damit das angekündigte Geschehnis aufhalten zu können. Auf den ersten Blick scheint diese Reaktion des Königs recht verständlich – jeder Vater würde auch so handeln, um sein Kind zu schützen. Doch der Logik des Märchens folgend, begeht der König hiermit abermals einen schwerwiegenden Irrtum: Statt zu integrieren – mit aufzunehmen –, was er braucht, sperrt er es aus.

Was er braucht, wurde ja im bisherigen Verlauf der Geschichte erzählt: eine neue Weiblichkeit, die Tochter – das dunkle Weibliche, die dreizehnte Fee. Aber er mißachtet weibliches Tun, weibliche Kraft. Er verweist sie des Landes. Dies heißt, in die Sprache des einzelnen Menschen übersetzt: Jeder trägt in sich eine Energie, mit der er seine »Wolle«, das heißt seine in ihm angelegten Fähigkeiten, die seine natürlichen Reichtümer darstellen, zu Fäden verspinnen kann, die sich dann zum Netz des individuellen Lebens weben lassen. Die Spindel ist Symbol für diese Kraft. Die größte Stärke des Weiblichen besteht im Sinn für Beziehungen, von denen man ja auch sagt, daß sie geknüpft oder gesponnen werden. Frauen gelingt dies in der Regel besser als Männern, sie sind bewußter, freudiger und geduldiger, was das Knüpfen, Gestalten und Halten von Beziehungen betrifft. In Paartherapien kann man beispielsweise immer wieder hören, daß Frauen sich über ihre Männer beklagen, die abwehren, sich zurückziehen, von plötzlicher Müdigkeit überfallen, gar auf der Stelle einschlafen, sobald das Thema »unsere Beziehung« angesprochen wird. »Wir haben keine Probleme«, stellen sie meist lakonisch fest, »du machst welche mit deinem ewigen Über-uns-reden-Wollen.« Die Frauen sind dann oft ganz verzweifelt, denn sie fühlen, daß es notwendig ist, über beginnende Schwierigkeiten in der Partnerschaft zu sprechen, um sie nicht zu einem schließlich undurchdringlichen Wirrwarr von Mißverständnissen oder zu einem Knäuel von heruntergeschlucktem Ärger und Enttäuschungen auswachsen zu lassen.[6] Sie spüren die Kraft der Spindel in sich, die sie danach drängt, ihr Schicksal in die Hand zu nehmen, nicht alles nur laufen zu lassen, sondern ihr Leben zu gestalten, wie es gut für sie sein könnte.

Mit dieser Energie entwickeln Frauen sehr viel Kreativität, um zu erreichen, was ihnen lebens- und liebenswert ist. Das fängt mit so banal erscheinenden Kleinigkeiten an wie für einen Blumenstrauß auf dem Eßtisch zu sorgen, den Duft von frisch gebackenen Plätzchen oder selbstgekochter Marmelade durchs Haus ziehen zu lassen, Theaterkarten für eine Ballett-Premiere zu »zaubern«, zum Geburtstag einen originellen Pullover zu stricken, Geschenkpäckchen mit hübschen Schleifen und Bändern zu versehen, die zugleich das Band der Beziehung symbolisieren, und vieles andere mehr. Doch auch ein »Ich hab dich lieb« zum richtigen Zeitpunkt, zärtliches Streicheln, ein lieber Kuß, der ganz überraschend kommt, der Fuß, der nachts im Bett das Bein des Partners sucht, die Initiative, die sie im sexuellen Spiel ergreift, entspringen der schöpferischen Kraft der beziehungswirkenden Spindel.

Und diese sperrt der König, Personifikation der an alten, konventionellen Prinzipien festhaltenden Macht, aus seinem Reich aus. Doch damit erreicht er gerade das, was er vermeiden wollte, er riskiert, daß das zunächst hinzugewonnene neue Weibliche, die Tochter, wieder im Unbewußten zu versinken droht.

Was Menschen im Umgang miteinander – in der Partnerschaft, in Freundschaften, im Geschäftsgebaren, im Kollegenkreis, im Umgang mit Untergebenen und Abhängigen – praktizieren, hat Ähnlichkeit mit ihrer Einstellung zur Umwelt, der Natur, den Tieren, Gott gegenüber. Tote Katzen, zerquetschte Igel und Kröten, ganz zu schweigen von den vielen kleinen Regenwürmern auf den Landstraßen, abgemagerte Seehunde in den fast leer gefischten Meeren, Singvögel, die aussterben, weil es kaum noch natürliche Hecken gibt, Frösche, die nicht leben können ohne Sümpfe und Teiche, Hühner, die aufs engste zusammengepfercht in sogenannten Legebatterien als reine Eier-Produzenten ihr kleines, armseliges Dasein fristen müssen, zeugen von der Beziehungslosigkeit des Kulturwesens Mensch, der somit nicht nur den Bezug zu den Tieren seiner Umgebung, sondern auch zu der eigenen inneren Instinktwelt verloren hat. Das ist ein sehr gefährlicher Zustand, denn der Instinkt ist der beste Wächter des Lebens. »Da hatte ich instinktiv Angst« oder »instinktiv witterte ich die

Gefahr« oder »instinktiv kehrte ich um«, kann man Menschen sagen hören, wenn sie von entsprechenden Erlebnissen berichten. So wie der Bezug zum Instinkt, der Tier-Seele im Menschen zunehmend verlorengeht, was oft in Träumen sichtbar wird, die von getöteten oder gequälten Tieren handeln, so schwindet auch die natürliche Gottesbeziehung vieler Menschen mehr und mehr dahin.

Gott wird oft nicht mehr als gütiger Vater, als liebende Mutter erlebt, deren Armen man sich vertrauensvoll überlassen kann; das Götterpaar ist kein Zufluchtsort, kein Platz für Seligkeit und Wonne, keine Gewißheit des Angenommen- und Aufgehobenseins; die Kirche stellt für viele Menschen nur noch die Tarnung ihrer Beziehungslosigkeit zwischen Mensch und Gott dar.

Die schöpferische Energie aber, die Beziehungen schafft, hier im Symbol der Spindel beschrieben, ist Aufgabe des Weiblichen – das durchaus auch im Manne wirken kann.

Das neue Paradigma des kommenden Jahrtausends heißt »Beziehung«, wie es Anhänger der Idee des Wassermann-Zeitalters ja vielfach voraussagen. Noch nie war die Frage nach der Beziehung so drängend und dringend wie zur Zeit, was unter anderem auch am zunehmenden Interesse an Partner- oder Familien-Therapien und entsprechender Literatur zu erkennen ist. Der Mensch begreift allmählich, daß er selbst die Verantwortung für sein Weiterleben trägt und daß dies nicht möglich ist, ohne den Sinn für die Beziehungen untereinander zu entwickeln.

So ist die Spindel das Werkzeug des Schicksals,

sie zieht die Lebensfäden, die von den Nornen zum Schicksal eines Menschen, zum Schicksal der ganzen Menschheit verwoben werden. Naturwissenschaftlich gesehen, sprechen wir auch von der spiralförmigen DNS-Kette sowie von Bändern und Geweben innerhalb unseres Körpers. So wie dort alles miteinander verbunden ist, wie alle Organe durch den Blutkreislauf miteinander verbunden sein müssen, so besteht auch die Psyche aus einem Netz von Verbundenheiten, die nicht unter dem Mikroskop des Mediziners, wohl aber in Gefühlen, Phantasien und vor allem in Träumen zu betrachten sind. Deshalb gehört zur Gesunderhaltung der Seele, zur Weiterentwicklung der Persönlichkeit, zum Weg der Ganzheit, der Vollständigkeit – Individuation genannt – die Arbeit mit den eigenen Träumen und Imaginationen. Immer wieder ist zu beobachten, daß Menschen, die dies nicht oder nur recht nachlässig tun, sowohl seelisch als auch körperlich erkranken und auf irgendeine Art unglücklich werden. Die Beziehung zum Unbewußten ist die Voraussetzung zu einem Leben mit Sinn, denn der Sinn, das Tao, wie die Chinesen es nennen, ist nur erkennbar in der Vernetzung des Kosmos, der auf der persönlichen Ebene Leben heißt.

Traum-Welt

Das folgende Beispiel aus meiner therapeutischen Praxis soll anschaulich machen, wie Träume unser Dasein leiten.

»Ich wollte mich zu einer Tagung umziehen, denn ich hatte einen Hosenanzug an, der mir viel zu weit war. Ich ging in ein Haus, es war ein sehr altes Haus, und öffnete eine schwere Eichentüre, auf der in altem Schriftzug ›Umkleideraum‹ stand. Ich kam in ein dunkles Kellergewölbe, in dem eine Steintreppe in einen noch tiefer gelegenen Raum führte. Dort sah ich etwas Helles liegen. Plötzlich bekam ich große Angst und drückte auf einen Lichtschalter, aber er funktionierte nicht. Ich ging aus diesem Raum in den Flur des Hauses und bat einige alte Frauen, die dort standen, sie mögen mir das Licht im Umkleideraum anschalten. Die Frauen tuschelten miteinander, und eine sagte sehr böse: ›Dort gibt es kein Licht.‹ Aber eine andere, die gütig aussah, schaltete das Licht an. Da sah ich, daß das Helle in dem unteren Gewölbe ein Kinderwagen mit einem Baby darin war. Wieder spürte ich große Angst. Die Frauen sagten ungerührt: ›Wahrscheinlich ist das Kind schon tot.‹ Entsetzt lief ich davon.«

Wie immer beginne ich die Traumarbeit mit den

Einfällen der – in diesem Falle 34jährigen – Träumerin. Lassen wir sie selber sprechen: »Ich hab' noch nicht weiter über diesen Traum nachgedacht. Ganz spontan fällt mir das Märchen Dornröschen ein. Es war als Kind mein Lieblingsmärchen. Was mich darauf gebracht hat, ist die Treppe. Zwar ist Dornröschen hinaufgestiegen, und ich steige hinunter – sie in eine hochgelegene Turmstube, ich in einen tiefgelegenen Keller –, aber es fiel mir halt so ein. Dann die alten Frauen, bei Dornröschen war es zwar nur eine, die da oben in der Kammer saß – aber vorher kamen ja zu ihrer Geburt auch dreizehn Feen. Bei mir ist das allerdings auch wieder umgekehrt: Viele Frauen sind bös, eine ist gütig, bei Dornröschen sind zwölf gütig und eine böse. Und dann das: ›Wahrscheinlich ist das Kind schon tot.‹ Im Märchen sollte das Kind ja auch sterben. Warum das Ganze allerdings mit Umkleiden zu tun hat, weiß ich nicht. Und was heißt das, daß ich irgendwo hingehen muß, wo es kein Licht gibt?«

Wir wußten es damals beide nicht. Vier Wochen später mußte diese Frau überraschend ins Krankenhaus. Sie hatte Unterleibsblutungen bekommen, die auch mit verschiedenen Medikamenten nicht zum Stillstand gebracht werden konnten, es sollte daher eine Ausschabung der Gebärmutter vorgenommen werden. Das hätte ein harmloser Eingriff sein können, doch man stellte fest, daß der Uterus voller Myome war, und zwei Tage später entfernte man ihn. Die Frau, die noch kein Kind hatte, sich aber mit dem Gedanken trug, ein Kind haben zu wollen, auch wenn sie nicht verheiratet war, kam seelisch über diese Operation lange nicht hinweg.

Ein paar Tage nach der Operation träumte sie folgenden Traum: »Bei der Visite standen Ärzte um mein Bett und sagten, in meiner Gebärmutter sei ein Embryo gewesen. Ich meinte, das müsse wohl ein Irrtum sein, sicher handele es sich um ein Myom. ›Nein‹, beharrten die Ärzte, es sei ein Embryo gewesen. Ich fragte, wie alt er denn gewesen sei, sie antworteten: ›Vier bis sechs Monate.‹ Sie zeigten mir ein schwammiges Gebilde, um dessen Mitte je zwei Arme, Beine, Hände und Füße im Kreis außen herum lagen. Ich war sehr traurig.«

Vor einem halben Jahr hatte sie den Entschluß gefaßt, ein Kind haben zu wollen. Dieses Thema griff der Traum noch einmal auf und ermöglichte ihr über die Trauer, die sie empfand und auch zuließ, ihren Schmerz zu verarbeiten. Daß die Gliedmaßen des Embryos kreisförmig um einen Mittelpunkt angeordnet sind, erinnert an ein Mandala, das ein wichtiges Symbol der Ganzheit darstellt. Mandala ist ein Wort aus dem Sanskrit und bedeutet Kreis; Mandalas werden als Meditationshilfen benützt. Die Träumerin kann sich mit diesem Bild der Konzentration auf das Wesentliche intensiv in den Trauerprozeß hineinbegeben.

Ein wenig später träumte sie folgenden Traum, der ihr in ihrem Trauerprozeß weiterhalf: »Ich sah einen Himmel in Form von zwei halb übereinandergehenden ›Vorhängen‹ in dunklen blau-violetten Farbschattierungen. Zwischen diese beiden ›Vorhänge‹ schob sich eine gelb-orangefarbene große Sonne. Die Farbmischung, die sich daraus ergab, wirkte auf mich unendlich schön und zugleich erregend. Vor mir lag ein Meer, ich hatte das starke Bedürfnis, in dieses Wasser zu tauchen. Ich war dick vermummt, in dunkle Tücher gehüllt. Ich legte mich mit Gesicht und Bauch nach unten in das Meer, lag aber nur in dunkler, feuchter Erde. Mir fiel ein, daß vielleicht gerade Ebbe sei. Obwohl ich wußte, daß es gefährlich sein könnte, bewegte ich mich auf dem Bauch vorsichtig nach rechts, bis ich endlich von den Fluten umspült wurde.«

Die Träumerin war noch in die dunklen Tücher der Trauer gehüllt, spürte aber bereits das Verlangen, einzutauchen in das Wasser des großen Mütterlichen, der Erneuerung, der Wiedergeburt. Die Farben, die sie im Traum erregten, zeigen, wie sehr sie sich wieder dem Leben zuwendet, denn Erregung ist Energie, und Energie ist Leben. Vor allem die sich aus dem Dunkel schiebende Sonne ist Symbol für Lebenskraft und neues Wachstum.

Und wieder einige Wochen später träumte sie: »Ich war in einem Garten, der irgendwie rührend aussah. Alles war sehr zart. In unregelmäßigen kleinen Gruppen verteilt standen Blumen, die zerbrechlich aussahen, es gab einen Busch und einen kleinen Baum. An einer Bohnenstange rankten sich ein paar grüne Bohnen empor, da waren einige Erbsenschoten, Salatköpfe und Küchenkräuter. An einem Tomatenstrauch hingen zwei große vollreife Tomaten. Der Garten sah aus, als habe er sich alle erdenkliche Mühe gegeben, das Beste aus sich selbst heraus zu schaffen. Ich weinte fast vor Freude und hatte ein Gefühl von Ehrfurcht. Ich zeigte meiner Mutter den Garten und sagte: ›Schau, dieser Garten ist ganz allein aus sich heraus entstanden. In der Hitzeperiode dieses Sommers haben alle Leute ihre Gärten gegossen, nur wir haben nichts getan, und er ist doch so schön geworden. Jetzt ist es aber unsere Pflicht, seine Früchte zu ernten.‹«

Zu diesem Traum sagte sie: »Merkwürdig, hierzu fällt mir wieder Dornröschen ein – doch ich weiß gar nicht, wie ich darauf komme.« – »Bei Dornröschen gab es auch Wachstum«, sagte ich, »sie schlief hinter einer Rosenhecke.« – »Ja, zwar sind es bei mir keine jungfräulichen Rosen«, sie stockte kurz – dann fuhr sie fort: »Zwar war es mir nicht vergönnt, ein Kind zu bekommen, doch der Traum zeigt mir, daß es auch in meinem Leben etwas zu ernten gibt.« Und sie zog Bilanz, was sie alles in ihrem Leben geschaffen, wie viele »geistige Kinder« sie in die Welt gesetzt hatte. Nun, im Rückblick, verstand sie auch den ersten Traum dieser Traum-Serie: »Jetzt weiß ich auch, warum ich hinunter in den dunklen Keller ging und Dornröschen hinauf in die Dachstube: Meine körperliche Fruchtbarkeit war zu Ende, während Dornröschens erst begann – sie konnte von ihrem fünfzehnten Lebensjahr an ihre Mutterschaft zu leben beginnen, ich mußte meine zu Grabe tragen. Das war also der Umkleideraum für mich – ich werde keine Mutterschaftskleider tragen, nach denen ich mich gesehnt hatte. Das Rot der menstruierenden Frau fällt für mich jetzt weg, während die Rosen in Dornröschens Hecke den Zustand, in den sie an ihrem fünfzehnten Geburtstag gekommen ist, weithin sichtbar signalisieren. – Für mich gibt's jetzt aber Erbsen, Salat und Küchenkräuter.« Und lachend setzte sie hinzu:

»Ach ja, zwei große vollreife Tomaten gibt's ja auch noch.«

Ein Jahr später heiratete sie und zog an diesem Tag, wie sie mir schrieb, ein tomatenrotes Kleid an.

Der Turm

An dem Mädchen aber wurden die Gaben der weisen Frauen sämtlich erfüllt, denn es war so schön, sittsam, freundlich und verständig, daß es jedermann, der es ansah, liebhaben mußte. Es geschah, daß an dem Tage, wo es gerade fünfzehn Jahre alt ward, der König und die Königin nicht zu Hause waren und das Mädchen ganz allein im Schloß zurückblieb. Da ging es allerorten herum, besah Stuben und Kammern, wie es Lust hatte, und kam endlich auch an einen alten Turm. Es stieg die enge Wendeltreppe hinauf und gelangte zu einer kleinen Türe. In dem Schloß steckte ein verrosteter Schlüssel, und als es umdrehte, sprang die Türe auf und saß da in einem kleinen Stübchen eine alte Frau mit einer Spindel und spann emsig ihren Flachs. »Guten Tag, du altes Mütterchen«, sprach die Königstochter, »was machst du da?« – »Ich spinne«, sagte die Alte und nickte mit dem Kopf. »Was ist das für ein Ding, das so lustig herumspringt?« sprach das Mädchen, nahm die Spindel und wollte auch spinnen. Kaum hatte sie aber die Spindel angerührt, so ging der Zauberspruch in Erfüllung, und sie stach sich damit in den Finger.

In dem Augenblick aber, wo sie den Stich empfand, fiel sie auf das Bett nieder, das dastand, und lag in einem tiefen Schlaf.

Die Spindeln sind aus dem Königreich verbannt, es wird nicht mehr gesponnen im Land des Patriarchen, der mit seiner Angst vor der Stärke des Weiblichen, vor der Macht des Schicksals nicht leben kann. Doch das Schicksal läßt sich nicht aufhalten, der König spürt es und meint abermals, er könne sich dem Laufe der Entwicklung entziehen, indem er den Zeitpunkt des vorausgesagten Geschehens ignoriert, ihn verdrängt und mitsamt dem ganzen Hofstaat – außer dem Küchenpersonal – das Schloß am fünfzehnten Geburtstag seiner Tochter verläßt. Er mag sich immer noch nicht der Wahrheit, der Realität, wie sie nun einmal ist, stellen. Offenbar glaubt er mehr an die Macht seiner Taten – die Spindeln im ganzen Reich entfernen zu lassen – als an die Kräfte der Ganzheit, an die Wahrheit des Selbst. Er hat noch nicht verstanden, daß zur Ganzheit Männliches *und* Weibliches gehören, daß es Unheil bringt, wenn man eines ausschließt, so wie er es mit dem Weiblichen tut. Diese Unbewußtheit, die das Männliche immer noch aufweist, wird in der Folge im Schlaf, in den der ganze Hofstaat fällt, zum Ausdruck gebracht.

Eingeleitet wird dieser Zustand von der Neugierde des allein gelassenen Mädchens, das intuitiv, ohne es zu wissen, seinen vorbestimmten Schicksalsweg geht. Die Neugier ist eine nicht zu unterschätzende Eigenschaft des menschlichen Geistes. Mit dem hier beschriebenen neugierigen Eifer, der Dornröschen veranlaßt, sich alle Räume des Schlosses anzuschauen, beginnt bereits die Differenzierung ihres Geistes, der aufgrund ihrer starken Intuition ein wirklich weiblicher Geist sein wird.

Frauen leben ihren ursprünglich weiblichen Geist nicht unbedingt. Oft, gerade in der heutigen, von der intellektuellen Leistung so geprägten Zeit, können Mädchen zwangsläufig nur die männliche Art, die Welt zu verstehen, übernehmen. Zur geistigen Entwicklung ihrer ureigentlichen Veranlagung gelangen sie nicht, diese wird unterdrückt, sie ist nicht nur nicht gefragt, sondern sogar verpönt. Jede Frau kennt genügend ironische Bemerkungen oder Witze über die »Logik von weiblichem Denken«. »Eine Frau hat weder Orientierungssinn noch kann sie logisch denken, Mathematik ist nichts für Mädchen, sie verfügen überhaupt über einen geringeren Intelligenzquotienten, und was verstehst du denn schon von einem Computer – du weißt ja nicht einmal, ob der Motor deines Autos vorne oder hinten ist.« So wird der Entwicklung des weiblichen Geistes von klein auf der Garaus gemacht, und dabei stirbt unsere Welt den Abgastod, verhungert an fehlendem Gefühl fürs Miteinander, verdurstet an mangelnder Liebe. Dies können auch nicht die ein oder zwei Bioläden, die es mittlerweile in jeder größeren Stadt gibt – meist werden sie von Frauen geführt, die ihre natürliche Begabung, die Heilmittel der Natur zu erkennen, in sich erwachen fühlen –, aufhalten. Die einzige Chance für das gesunde Überleben der Menschheit liegt darin, daß weibliches Denken, weiblicher Geist in alle Gebiete des Lebens, in alle Wissenschaftsbereiche hineinfließen kann. Diese Art zu denken können übrigens auch Männer erlernen. In der aus Kalifornien in die ganze Welt sich verbreitenden New-Age-Bewegung wird solches mit erfreulicher Vehemenz gefordert.

Den ersten Schritt dazu tut Dornröschen bereits, als sie ihrer erwachenden Neugier, die ja Motor jeder Wissenschaft darstellt, nachgibt und – ich stelle mir vor – mit lebhaft glänzenden Augen ihren Erkundungsgang beginnt. Sie mußte dazu von ihrem Vater verlassen werden, denn mit diesem Teil in ihr hätte sie sich nicht erlaubt, das zu tun – so wie viele Frauen sich innerlich nicht vom Vater, vom väterlichen Denken, von der väterlichen Sicht des Lebens, lösen können.

»Hat so Ihr Vater gedacht?« oder »Würde Ihr Vater solches auch sagen?« frage ich oft Klientinnen, wenn sie über Anschauungen sprechen, die mit »Man macht das so – das muß man so sehen – man kann doch nicht« beginnen. »Man« heißt nicht »ich«. »Man« ist Konvention, und unsere Konvention ist aufgrund der rund fünftausend Jahre alten patriarchalen Gesellschaftsordnung einseitig lineares, kausales Ursache-Wirkung- beziehungsweise Zweckdenken.

Dornröschen dagegen dachte wohl: »Jetzt bin ich allein, auf mich selbst gestellt, jetzt tu ich, was ich will, und schau mir mal genau an, wo ich eigentlich bin, wie alles hier aussieht.« Viele Menschen kennen dieses Thema aus eigenen Träumen: »Ich war in einem Haus, das ich nicht kannte. Es hatte viele Räume. Neugierig ging ich umher, schaute mir alle an, staunte auch über die Einrichtung, die so anders war, als ich es bisher in Wohnungen kennengelernt hatte.«

Auf der subjektiven Ebene bedeuten diese Träume, daß der Träumer, die Träumerin sich nun auf den Weg gemacht hat, das eigene Innere besser kennenzulernen, daß er oder sie das ganz persönliche Seeleninventar zur Kenntnis nehmen muß, was eine Bewußtseinserweiterung und meist eine Bereicherung des Selbstwertgefühls bewirkt.

Dornröschen beginnt intuitiv-aktiv ihren Weg der Wandlung vom Mädchen zur Frau. Diese Art Aktivität ist eine andere als die ich-hafte, machen-wollende. Es ist viel mehr weibliche Intuition, es ist Gehorsam gegenüber dem Unbewußten, dem Schicksal oder letztlich Gott gegenüber. Daß Intuition Dornröschen geleitet hat, wird auch angedeutet in einer Märchenfassung (Urfassung), in der es heißt, daß ein gelber Schlüssel außen an der Tür zum Turmzimmerchen steckte. Gelb ist die Farbe der Intuition, denn es ist die Farbe der Weite, der Ahnung von grenzenlosen Möglichkeiten.

Das Unbewußte, in das die Intuition eintaucht wie der Angelhaken eines Fischers, um manchmal einen herrlichen, großen, silbern schimmernden Fisch herauszuholen, der aussieht, als sei er mit geheimnisvollem Mondlicht überzogen, ist in der Tat grenzen- und grundlos wie der kosmische Raum. Doch so weit ist Dornröschen noch nicht, zuerst muß sie in der Begrenzung des Schlosses und jetzt speziell des Turmes in die Höhe steigen, bevor sie in die unendlichen Möglichkeiten der Tiefe hinuntertauchen darf. Die Arbeit, auch die Anstrengung, die im

Individuationsweg geleistet werden muß, das gehorsame, aktive Tun an der Entwicklung des seelischen Prozesses, steht vor dem Heben des Schatzes. So steigt sie also, wie es das Schicksal von ihr verlangt, mutig die Stufen empor zum geistigen Raum ihrer Weiblichkeit.

Der Turm symbolisiert den oberen Teil der Seelenstruktur, während der Keller das Bild für unbewußte Bereiche darstellt. Der Turm steht aber auch für Sicherheit, denn Türme wurden ja in Festungsanlagen gebaut, damit der Späher den Feind schneller entdecken konnte. Auch schützen die dicken Mauern der Türme vor Angriffen von außen. Und der Leuchtturm eines Hafens leitet die Schiffe sicher durch Nebel und Dunkelheit. Der Turm ist aber auch ein Symbol der Jungfräulichkeit: Maria wurde zum Beispiel mit einem elfenbeinernen Turm verglichen. So ist es nicht verwunderlich, daß die jungfräuliche Königstochter im Turm sich zur geschlechtsreifen Frau verwandelt, denn die Stufen zu einem Turm emporzusteigen bedeutet den stufenweisen Aufstieg des Menschen zur höheren Geistigkeit. Die Wandlung, die junge Menschen in der Pubertät erfahren, bezieht sich nicht nur auf die Veränderung der hormonellen Funktionen, welche die biologische Geschlechtsreife bedingen, sie erfaßt auch die seelisch-geistige Struktur, die vom Kind- zum Erwachsensein übergehen muß. Eine nicht voll und ganz durchgestandene Pubertät, die ja meist leidvoll, verunsichernd und verwirrend erlebt wird, entläßt einen infantil gebliebenen Erwachsenen. Die Pubertät muß wirklich durchlitten werden, um fruchtbar zu sein, und viele Jugendliche »mauern« sich in dieser Zeit geradezu ein wie in einen Festungsturm mit dicken Mauern, damit die Brandung der aufbrechenden Gefühlsstürme sie nicht hinwegschwemmt.

Rapunzel (im gleichnamigen Märchen) sitzt auch hoch oben in einem Turm. Ähnlich wie Dornröschen im Turmstübchen wird sie dort von einer alten Frau über Jahre festgehalten. Rapunzel wurde von der Zauberin im zwölften Lebensjahr dorthin gebracht, also auch zur Zeit der beginnenden Wandlung vom Mädchen zur Frau. Es gibt noch weitere Parallelen zum Dornröschen-Märchen: Die Eltern von Rapunzel bekommen zunächst lange kein Kind, obwohl sie sich eines wünschen. Und nachdem Rapunzel den schönen Königssohn an ihren langen Haaren zu sich in den Turm heraufgezogen hatte, dafür aber von der Zauberin in eine Wüste verbannt wurde, brachte sie dort zwei Kinder, Zwillinge, zur Welt (wie in einigen Versionen des Dornröschen-Märchens die Kinder »Sonne« und »Mond« von Dornröschen geboren werden).

Motive, die in den Erzählungen der Menschen häufig auftauchen, sind Hinweise auf die Wichtigkeit dieser Geschehnisse für die Bewußtwerdung des menschlichen Geistes. So wie das Unbewußte nicht müde wird, immer wieder ähnliche Bilder in den Träumen erscheinen zu lassen, die gerade bedeutungsvoll für den jeweiligen Träumer sind, so wiederholen sich im Erzählgut der Menschheit beharrlich immer wieder bestimmte Motivketten.

Der Turm ist auch Symbol für die Introversion, das Hineingehen in sich selbst, das Sich-Einlassen auf die Mächte des Unbewußten, das natürlicherweise auch Angst auslöst. In der Tat finden einige Menschen aus diesem Bereich nicht mehr zurück, sie geraten in eine Psychose, deren Auftreten in der Adoleszenz keine Seltenheit ist. Deshalb mag es gut und tröstlich sein, wenn man in dieser Zeit einen Menschen neben sich hat, der einem die Hand reicht für den gefährlichen Übergang von der einen Stufe des Lebens zur nächsten.

Eine Frau, die zur Zeit große Schwierigkeiten mit ihrer dreizehnjährigen Tochter hat, weil diese aufsässig und schlecht in den Schulleistungen geworden ist, träumt: »Ich liege im Bett, höre, wie meine Tochter neben mir auf den Boden fällt. Ich erschrecke. Dann bin ich draußen im Garten und sehe, daß meine Tochter von oben durch den Schornstein herunterfällt. Ich kann sie gerade noch auffangen.«

Hier klingt das Frau-Holle-Motiv an. Ein Mädchen fällt durch einen Schacht (Schornstein/Brunnen) ins Grüne (Garten/Wiese), eine Frau (Mutter/Frau Holle) nimmt sich ihrer an. Der Träumerin wurde bewußt, daß sie nicht nur ärgerlich auf ihre Tochter ist, sondern sich auch Sorgen um sie macht. Sie weiß jetzt, daß es wichtig ist, daß sie das Mädchen »auffängt«, sich also besonders um sie kümmert. Man könnte sagen, das Unbewußte, das große Weibliche (verkörpert von der alten Frau im Turmstübchen bei Dornröschen) hat sich der Tochter der Träumerin bereits angenommen, es sorgt für sie, indem es der Mutter diese Traumbotschaft schickt.

Die junge Königstochter, die letztlich ja auch – als göttliches Mädchen – ahnte, daß sie nicht umhin kann, den Prozeß der Individuation zu durchleben, macht aktiv den ersten Schritt dazu, indem sie die Türe zum Turmstübchen selber aufsperrt. Es ist tatsächlich klüger und weniger aufreibend, wenn man freiwillig seinem Schicksal folgt. Diese Weisheit verkündete schon Seneca in seinem berühmten Ausspruch »Fata volentem ducunt, nolentem trahunt« (»Das Schicksal führt den Willigen, den Unwilligen zieht es«).

Die alte Frau

Wer ist nun die alte Frau, die hoch oben im Turmstübchen sitzt und Dornröschen offensichtlich erwartet hat, denn sie wundert sich nicht, als das Mädchen zur Türe hereinkommt. Sie sitzt und spinnt ihren Flachs, so als hätte es den Befehl des Königs, alle Spindeln aus dem Reich zu entfernen, nie gegeben. Bis zu ihr reichte des Herrschers Macht also nicht.

Die dreizehnte Fee wollte, daß Dornröschen stirbt, die zwölfte Fee jedoch milderte den Spruch zu einem hundert Jahre währenden Schlaf. So ist wohl anzunehmen, daß sie es ist, die jetzt im Turm sitzt und darauf achtet, daß auch alles geschieht, wie sie es bestimmte. Vielleicht ist mit der Spinnerin im Turm auch das alte Weibliche an und für sich gemeint, das Kenntnis hat von den körperlichen und seelischen Vorgängen der geschlechtsreifen Frau, wie sie von eh und je ablaufen. Dieses alte weibliche Wissen ist jetzt notwendig für das Mädchen, das spürt, daß der Tag der Wandlung, der Beginn ihres Frauwerdens, die Menarche, eingetreten ist.

Eine menstruierende Frau galt vielerorts – vielleicht kommt das sogar heute noch vor – als »unrein«, und nicht nur sie, sondern auch das Geschirr, von dem sie aß, wurde in diesen Tagen abgesondert. Da Blut ja Lebenskraft bedeutet, mußte es große Angst auslösen, diese Kraft zu verlieren, dann hieß bluten, daß der Tod sich nähert, und diesen dunklen Gesellen wollte man sich besser nicht anschauen. Doch die Frau selbst mußte sich schon immer mit den Vorgängen ihres Körpers auseinandersetzen, und so lernte sie rasch, die Zusammenhänge ihres eigenen Organismus mit den Geschehnissen der Natur zu verbinden, und erwarb sich Kenntnisse über Blutstillen, Wundbehandlung und Schmerzbetäubung mit Hilfe von Kräutern, Beeren und sonstigen »Naturheilmitteln«.

Natürlich waren es stets die alten, erfahrenen Frauen, die Heilerinnen, Zauberinnen, Hexen, die sich mit den Geheimnissen von Feld, Flur und Wald aufs engste vertraut gemacht hatten, welche die jungen, gerade geschlechtsreif gewordenen Mädchen unter ihre Fittiche nahmen und sie in die Mysterien des großen Weiblichen einweihten. So ist es nicht verwunderlich, daß Dornröschen die alte Frau im Turmstübchen aufsucht, als es bei ihr soweit ist. Die Einweihungs-Zeremonien der Mädchen zu Beginn ihres Frauwerdens sind sehr alt und weit verbreitet. Sie wurden stets von den alten Frauen durchgeführt, welche die jungen in eigens zu diesem Zweck errichtete Behausungen brachten, wo die Mädchen mit den Kenntnissen der Geschlechtlichkeit und der Mutterschaft vertraut gemacht wurden, wo sie aber auch über längere Zeit – oftmals bis zu einem Jahr – in der Einsamkeit bleiben mußten.

Die Initiations-Rituale waren nicht nur streng, sie

waren zum Teil auch wild und schmerzhaft, denn sie sollten die Initiandinnen sowohl mit den Vorgängen und Erfordernissen des neuen Lebensabschnittes vertraut machen als ihnen auch Widerstandskraft und Leidensfähigkeit geben. In den meisten Kulturen spielte dabei die Isolierung der menstruierenden Mädchen eine große Rolle. Die Hütte oder der Wald, wohin sie gebracht wurden, symbolisieren das Jenseits, also den Tod sowie die Finsternis der Schwangerschaft im mütterlichen Schoß. Bei einigen Völkern wurden die Mädchen während der Menstruation in der hintersten Ecke der Hütte isoliert, es war ihnen verboten, die Sonne zu sehen. Dieses Tabu erklärt sich aus der mystischen Gemeinschaft zwischen dem Mond und der Frau. Bei einem anderen Volksstamm wurden die Mädchen bei und nach der Menarche ein ganzes Jahr lang in einer weißen Hütte isoliert, sie durften nur weiße Kleider tragen und helle Nahrungsmittel zu sich nehmen. Sie galten in dieser Zeit als geschlechtslose »Zwischenwesen«, waren weder Mädchen noch Frau, weder weiblich noch männlich – daher die Farbe Weiß. Das Jahr endete für sie damit, daß sie mittels eines Bambusröhrchens Blut aus der geöffneten Vene eines jungen Mannes saugten. Bei wieder anderen Völkern tragen Mädchen während der Initiationszeit Männerkleidung, und umgekehrt müssen junge Männer Frauenkleider anziehen. Auch hier geht es vorübergehend um ein Unkenntlichmachen, um die Aufhebung der Identität, was ja einleuchtend ist, denn während der Pubertät verlieren die jungen Menschen ihre kindliche Identität, während sie ihre Identität als Erwachsene noch nicht gefunden haben –

sie sind in dieser Zeit tatsächlich »niemand«. Es ist von daher gesehen verständlich, daß solch ein Zustand mit dem Verschwinden im »Niemandsland«, im »Jenseits« oder wie bei Dornröschen im hundertjährigen Schlaf beschrieben wird. Sie befinden sich im Stadium der Wandlung von einer Entwicklungsstufe zur anderen, und das ist eine sehr belastende Zeit, die die jungen Menschen viel Kraft kostet, denn sowohl auf der körperlichen wie auf der seelischen Ebene laufen während dieser Zeit neue »Programme« an, das »Programmsystem« wird umgestellt von der Stufe »Kind« auf die Stufe »Erwachsener«, und die dafür genetisch zur Verfügung stehenden Möglichkeiten werden abgerufen und zu Fähigkeiten verwandelt. Es ist – das weiß man – eine kritische Lebensspanne, die nicht alle Menschen ohne Schaden durchwachsen und durchleiden. Und da ist es gut und tröstlich, wenn ein verständnisvoller Erwachsener für den jungen Menschen da ist, mit Rat und Tat zur Verfügung steht, Lehrmeister(innen)-Funktion erfüllt und Vorbild sein kann.

Ein Mädchen wird sich in dieser Zeit natürlicherweise eine ältere Frau suchen, die sie als Vor-Bild bei der Suche nach ihrer Identität nimmt. Oft verlieben sich Pubertierende in eine ältere Freundin, viele lesbische Beziehungen beginnen hier oder werden vorübergehend eingegangen. Manchmal schwärmen alle Mädchen einer Schulklasse für eine bestimmte, bewunderte Lehrerin, sie wird über alles geliebt, man reißt sich danach, ihr die Klassenhefte oder sonstige Schulmaterialien nach Hause zu tragen. Manche dieser so verehrten Lehrerinnen laden ihre Schülerinnen auch zu sich nach Hause ein, führen Gespräche bei Kaffee und Kuchen mit ihnen, was für die jungen Mädchen eine sie aufwertende Auszeichnung ist und ihnen sehr guttut.

Die bekannte griechische Dichterin Sappho war so eine Frau. Sie gab sich viel – fast ausschließlich – mit heranwachsenden Mädchen ab, lehrte sie die schönen Künste und mancherlei Alltags-Fertigkeiten. Joachim Fernau läßt sie in seinem Buch »Sappho. Ein griechischer Sommernachtstraum« in einem Brief schreiben: »Man wird Dir berichtet haben, daß in letzter Zeit Fremde von weit her zu mir gekommen sind. Du hättest als Hüter über Lesbos vielleicht Grund, Dich zu wundern. Ich erkläre es Dir also. ... Der Grund war bei den Besuchen, mir ihre Töchter zu bringen. Dies können Deine Beobachter Dir nicht berichtet haben. Du sollst es jedoch wissen, es gebührt Dir. Die beiden jungen Mädchen, zusammen mit meiner Kleis, sollen den Anfang machen zu einem Kreis, den ich um mich bilden möchte. Du wirst fragen, was das bedeutet. Es soll mein Leben ganz ausfüllen. Sei unbesorgt, die Sängerin Sappho wird darüber nicht verstummen. Ich möchte diese jungen Mädchen zu edlen Frauen erziehen. Wir Mütter sehen mit Neid auf die Knaben, die in Gemeinschaften von edlen Männern erzogen und vorbereitet werden auf das, was ihnen gemäß ist, nämlich auf den Wettstreit in männlichen Tugenden, aber auch im Wissen. ... Warum sollen die Frauen aus vornehmen Familien nicht auch in einem solchen Kreis zum Edlen und Schönen erzogen werden von jemand, der die Kraft dazu hat? Ich glaube diese Kraft zu haben.

Diese Gedanken sind neu, sie sind allein meinem Kopf und meinem Herzen entsprungen. ... Wie wachsen sonst Töchter auf? Was wissen sie? Wie treten sie in die Ehe? Was bringen sie mit? Ich weiß nicht, wer oft mehr zu bedauern ist, das unwissende Mädchen oder der enttäuschte Mann. Du wirst sehen, wie viele edle Familien mir ihre Töchter schicken werden zu Ehren Aphrodites und zu Ehren der Musen.«[7]

Im vergangenen Jahrhundert standen bei uns streng, aber auch luxuriös geführte Mädchenpensionate zu diesem Zweck zur Verfügung. Wer aber nimmt sich heute der heranwachsenden Mädchen an? So verkörpert die alte Frau im Turm sicherlich in diesem Sinne eine Lehrmeisterin; sie führt Dornröschen in die Geheimnisse des Frauseins ein. Sie ist wohl die Frau, welche *den* Muttertyp symbolisiert. Ursprünglich – wie wir aus dem Märchen wissen – ist sie eine Fee, eine weise Frau, das heißt, sie ist eine erfahrene Frau, die alle Möglichkeiten weiblicher Existenz für sich verwirklicht und deshalb Zugang hat zu den uralten Menschheitserfahrungen, die in jeder Seele gespeichert sind. Dieser Zugang zu den Quellen in der eigenen Tiefe verleiht ihr Weisheit, und manche Menschen erleben an ihr »zauberische Kräfte«. »Alle Möglichkeiten weiblicher Existenz« heißt aber, daß man nicht nur über gute Eigenschaften verfügen, sondern auch böse Verhaltensweisen leben kann. Zur Ganzheit gehört eben – wie schon ausgeführt – gut und böse. So kann man in der alten Frau im Turm alle dreizehn Feen miteinander vereinigt sehen. Sie stellt die Vollständigkeit des Weiblichen dar.

Eltern, die ein Kind durch den Tod verloren haben, stellen immer die Frage nach dem »Warum«. »Warum mußte mein Kind so früh sterben?« Niemand wird wohl je die Antwort darauf wissen, aber es ist zumindest anzunehmen, daß das bisherige Leben dieses Menschen zum Erfüllen seiner Aufgabe genügt hat. Und dann wäre die Frage für solche Eltern: »Was hat unser Kind Neues zur Entwicklung des Lebens beigetragen? Was sollte dieses Kind uns zeigen, mitteilen? Wozu ist es uns geliehen worden?« Doch auch, wenn das Kind nicht durch Tod von den Eltern getrennt wird, sondern die Eltern verläßt – zuerst mehr innerlich, dann auch äußerlich –, brauchen die Zurückgebliebenen sich nicht unbedingt nur zu überlegen: »Was soll ich jetzt ohne dich anfangen?« Sie könnten sich auch fragen: »Was hast du mir mitgebracht aus Gottes Welt? Was will das Unbewußte mir durch deine Existenz sagen? Welchen Samen hast du in mir gesät? Welche Früchte kann ich nun, da meine Fürsorge für dich zu Ende geht, bei mir ernten?« Statt es als Kind halten zu wollen, könnten sie es in sein Erwachsenenleben hineinziehen lassen, es dem großen Mütterlichen zur weiteren Obhut anvertrauen.

Da gibt es ein sehr altes, geheimnisvolles Mythologem über die Sonnenenkelin Medea – wir kennen sie ja inzwischen als dunkle, unerschrockene Seite des Weiblichen. Im antiken Griechenland gab es einen Kult, bei dem alljährlich sieben Knaben und sieben Mädchen in das Heiligtum der Hera gebracht wurden, wo sie ein ganzes Jahr bleiben mußten, wie in Verbannung oder Tod. Der Sinn dieses Kultes war die Wiederholung einer Tat der Medea: Sie soll, einem noch älteren Mythos zufolge, ihre Kinder, nachdem sie geboren waren, im Heiligtum der Hera verborgen haben, weil sie glaubte, daß diese dadurch unsterblich würden. Als Jason entdeckte, was Medea gemacht hatte, soll er sie verstoßen haben. Niemand weiß, was mit den Kindern dort geschah, ob Medea sie vielleicht da schon getötet hat, um ihnen durch diese Opferung die Unsterblichkeit zu sichern.[8]

Das Verstecken von Kindern, vor allem Neugeborenen, kennen wir auch von Mose. Es wurde im Schilfkörbchen dem Wasser ausgesetzt. Und Abraham beispielsweise mußte nach der Legende von seiner Geburt sein erstes Jahr in einer Höhle verbringen. Auch hierbei ging es um das Leben der Kinder, denn ihnen drohte durch den jeweiligen Machthaber der Tod. Diese Geschichten kann man so deuten, daß die Kinder in die Obhut des großen Mütterlichen gegeben wurden (bei Moses und Abraham) oder daß sie nicht vom männlichen Geist »infiziert« werden sollten, was wohl Medea fürchtete. Denn unsterblich machen heißt auch: in der großen Mutter geborgen, durchdrungen von weiblichem Geist zu sein. Der männliche Gott gebiert seine Kinder nicht – er machte Adam, deshalb wohnt dem Geist des Mannes das Machbare inne, dies aber ist sterblich.

Wenn nun Dornröschen zur alten, weisen Frau in den Turm geht und für hundert Jahre hinter der Hecke verschwindet, beginnt sie damit auch den Prozeß des Unsterblichseins, das heißt, ihr Geist kleidet sich in das Gewand des Weiblichen, das teilhat an dem Immer-wieder-Geborenwerden, das wir alljährlich in der Natur beobachten können.

Blut-Geheimnis

Rings um das Schloß aber begann eine Dornenhecke zu wachsen, die jedes Jahr höher ward und endlich das ganze Schloß umzog und darüber hinaus wuchs, daß gar nichts mehr davon zu sehen war, selbst nicht die Fahne auf dem Dach.

Das Leben des Menschen ist von seinem Blutkreislauf abhängig, dessen zentrales Organ das Herz ist, und deshalb wurde bei vielen Völkern das Blut und das Herz als Sitz der Seele angesehen. »Herzeleid« ist Seelenleid, und wenn einem »das Herz blutet«, dann ist das schon sehr schlimm. Eine unverbrüchliche Freundschaft ist eine Blutsbrüderschaft, bei der oft wirklich das Blut der beiden Freunde miteinander vermischt wird. Mit Blut verschreibt man seine Seele dem Teufel, und in der alchimistischen Symbolik wird Blut gleichgesetzt mit dem »göttlichen Wasser«, das die Toten wiederbelebt und unedle Metalle in Gold verwandelt. »Blut ist kein Wasser«, sagt man im Volksmund, wenn man die Loyalität Familienangehörigen gegenüber betonen möchte, und bei Völkern, in denen die Blutrache ausgeübt wird, lebt sich's gefährlich. Dem Blut wurde von jeher geheime Kraft zugeschrieben, man brachte es mit der Sonne und dem Feuer in Verbindung. In der Antike gossen die Griechen Blut in die Gräber der Verstorbenen, um ihnen Lebenskraft fürs Jenseits mitzugeben, und in den Einweihungsriten der kleinasiatischen Erdgöttin Kybele wurden die Mysten mit dem als reinigend und kraftspendend geltenden Blut geopferter Stiere getauft. Siegfried machte sich (fast) unverwundbar durch Baden im Blut des besiegten Drachen, und wir kennen das »Blut« Christi, das wir beim Abendmahl zu uns nehmen, als Symbol der Erlösung von unseren Sünden. Im Märchen vom Treuen Johannes kann der König seinen zu Stein erstarrten Diener nur dadurch erlösen und ihm das Leben wiedergeben, daß er seine beiden Kinder tötet und ihn mit deren Blut bestreicht.

So hoch das Blut auch allseits verehrt wurde, so tief hat es aber auch die Menschen in Angst und Schrecken versetzt. Noch heute gibt es Menschen, die beim Anblick von Blut in Ohnmacht fallen oder denen übel wird. Einen um wieviel stärkeren Eindruck muß sichtbar werdendes Blut auf Menschen vergangener, noch nicht naturwissenschaftlich aufgeklärter Zeiten gemacht haben!

Für manche Mädchen mag es tröstlich sein, am Tag ihrer ersten Monatsblutung ihre Mutter bei sich zu haben, die ihr verständnis- und liebevoll den natürlichen Umgang mit diesem Geschehnis zeigt und mit ihr über all das, was die Tochter nun ängstigen könnte, spricht. Viele Mädchen empfinden aber auch eine unbestimmte Scheu ihrer Mutter gegenüber, gehen lieber zu einer guten Freundin oder sonstigen Vertrauenspersonen. Und manche Mädchen spüren instinktiv, daß zwar mütterliche oder freundschaftliche Hilfe ganz guttut – oder gut wäre –, daß es aber um mehr geht, um etwas, was in den wenigsten Fällen zwischen Menschen kommunizierbar ist, um ein »heiliges« Geschehen, ein Mysterium. An diesem Tag nimmt das Mädchen Abschied von seiner Kinderzeit. Das ist ein »Tod«; der Tod der Kindheit. Es ist aber auch der Tod, den sie nun monatlich einige Tage lang erleben wird: Etwas in ihr, nicht befruchtetes Leben, stirbt und fließt mit ihrem Blut aus ihr heraus. Damit wird die Frau ständig mit ihrer Fähigkeit, Kinder zu gebären, konfrontiert. Mag sie auch – oberflächlich gesehen – froh und erleichtert sein, daß keine Schwangerschaft eingetreten ist, die Tatsache, daß sie nicht empfangen hat, löst doch tief innen ein wehes Gefühl der Minderwertigkeit aus, was viele Frauen indirekt als depressive Stimmung in den Tagen vor oder während der Periode und oft auch als körperliche Schmerzen spüren. Nach der Blutung lebt die Frau gewöhnlich wieder auf, einer neuen Chance, einem neuen Höhepunkt zu, der in den Tagen des Eisprungs gipfelt. Da lebt sie ganz in ihrer Bestimmung, Mutter zu werden – mag sie es nun bewußt wahrnehmen oder nicht. All dies geschieht zum ersten Mal mit der Menarche. Der Wandlungsprozeß zur Frau beginnt, sie geht ihren einsamen Weg, und er führt sie zunächst in die »Unterwelt«. Sie ist weder die erste noch die einzige, die diesen Weg geht. In der Antike Griechenlands ist es zum Beispiel das Mädchen Kore, das, vom Gott der Unterwelt, Hades, geraubt, mit ihm in die Finsternis seines Todesreiches gehen muß. Als Kore, das Mädchen, geht sie dorthin, als Persephone, die Königin, kommt sie zurück. Doch nur zwei Drittel des Jahres verbringt sie in der oberen Welt – wir könnten auch sagen, der hellen Welt des Bewußtseins, des Geistes –, ein Drittel des Jahres gehört sie Hades, dem Gott des Unbewußten, des Todes. Kore sticht sich nicht an einer Spindel wie Dornröschen, sie ißt von der »Totenspeise«, einem Kern des roten Granatapfels. Ähnlich wie Schneewittchen, die ja die erregenden drei Farben des weiblichen Wandlungszyklus, Weiß, Rot und Schwarz, trägt, die sie als »Erbprinzessin«, als Tochter der großen Muttergöttin auszeichnen. Auch sie ißt von der »schönen« roten Seite des Apfels und muß die Reise ins Land des Vergessens, des Unbewußten, des Todes antreten. Sie wird wie Dornröschen vom dunklen Aspekt des großen Mütterlichen »heimgeholt«. Ebenso schickt die scheinbar böse Stiefmutter die spätere Goldmarie in die jenseitige Welt. Wie Dornröschen sticht sie sich die Finger blutig und springt der Spindel nach in den Brunnen, wo sie dann die große Mutter, Frau Holle, findet.

Das sind nur einige Beispiele, wie die Wandlung vom Mädchen zur Frau in den Mythen und Märchen beschrieben wird. Warum wird der Todesaspekt dabei so hervorgehoben? Es ist doch etwas ganz Natürliches, was hier geschieht und in erster Linie dem Leben dient, nicht dem Tod. In den schon erwähnten anderen Versionen des Dornröschen-Märchens bringt die noch schlafende Frau sogar zwei Kinder zur Welt, sie läßt das Leben in sich reifen. Um dies besser verstehen zu können, ist es hilfreich, ein wenig mehr über die Symbolik des Blutes zu wissen.

Etymologisch gesehen, ist das Wort Blut mit Blühen, Blüte, verwandt. Von einem Menschen, der gesund und stark ist, dessen Blut und Blutkreislauf in Ordnung sind, sagt man, er sehe »blühend« aus. Eine junge Frau steht in der »Blüte ihrer Jahre«, wenn sie geliebt wird, »blüht sie auf«, und wenn sie ihren ersten Geschlechtsverkehr hat, wird sie defloriert, »entblütet«.

Das Blut-Opfer, das jede Frau allmonatlich oder mit der Geburt eines Kindes bringt, ist nicht nur für Männer etwas Geheimnisvolles, ja Unheimliches. Auch moderne Frauen, die genau um die physiologischen Vorgänge wissen, werden in der Regel eine gewisse Scheu, ein Unbehagen, das mit den uterinen Blutungen zusammenhängt, nicht los, denn sie sind diesem Geschehen ausgeliefert, sie müssen es an sich geschehen lassen, ob sie wollen oder nicht. Erst nur ahnungsweise, undeutlich, doch dann immer mehr, drängender, wird der jungen Frau bewußt, daß sie Medium ist. Die Natur bedient sich ihrer, und sie muß es zulassen. Sie wird benutzt – zwar für das Leben, aber sie bestimmt nicht, ob sie das will, sie gehört dem großen Mütterlichen. Mindestens drei Jahrzehnte lang wird sie monatlich daran erinnert. Die unerbittliche Alte, die nichts weiter im Sinn hat, als daß die Menschheit nicht ausstirbt, greift nach ihr, mag deren Lachen freundlich-aufmunternd oder triumphierend-höhnisch klingen, sie ist unerbittlich, ist mächtig.

»Wenn du selbst leben willst«, gibt sie zu verstehen, »dann mußt du dich unterwerfen, mußt dem Leben dienen. Monat für Monat wird alles in dir bereit sein, neues Leben zu empfangen. Du brauchst es nicht aufzunehmen oder auszutragen, doch du wirst, solange du jung bist, alle vier Wochen daran erinnert, daß du dazu geschaffen bist, Mutter zu werden. Du wirst, solange du jung bist, monatlich dein Blut fließen lassen, und wenn du ein Kind zur Welt bringst, wirst du es ebenfalls mit einem Blutstrom tun, und dann wird sich dein Blut verwandeln in weiße Milch, und du wirst wieder fließen. Du siehst, du bist da, um aus dir herausfließen zu lassen. Solange du das tust, wirst du jung, schön und stark sein, doch wenn das Fließen aufhört, wirst du welk, grau und alt. Das ist dein Schicksal, nimm es an, sonst machst du es dir nur unnötig schwer.«

So könnte sie sprechen, die große Mutter Natur. Vielleicht hat so die Alte im Turm zur Königstochter gesprochen, als diese im Schlaf lag, hypnotisiert von der Macht der großen Alten. Da liegt sie nun und träumt. Sie sieht, wie Blut zwischen ihren Schenkeln hervorquillt, sie spürt, wie es ihre Beine entlang hinunterläuft, nun stehen ihre Füße in einer Blutlache. Sie hat Angst, schreit: »Nein, ich will das nicht!«, doch das Blut läuft. Und allmählich wird sie schwächer, wird still, ergibt sich. Da sieht sie, wie rings um ihre Füße Blumen wachsen, sie werden höher und höher. Als sie ihren Schoß erreichen, öffnen sich die Blüten, und in jedem Blütenkelch sieht sie das Gesicht eines Kindes, und alle Gesichter lächeln ihr zu. Glücklich schließt sie die Augen, und sie hört die Stimme der Alten, die sagt: »Nun gehörst du zu uns.«

Ein solcher Traum hat einer jungen Frau geholfen, ihre Schicksalsbestimmung anzunehmen. Sie hatte Angst davor, wollte nicht werden wie ihre betuliche Mutter, deren ganzer Lebensinhalt die Familie war, die stupide tagaus, tagein, den Staubsauger oder Einkaufswagen vor sich herschiebend, zwischen Wohnung und Supermarkt hin- und herlief, stets über Frühstück, Mittagessen und Abendessen nachdachte und deren Interessen sich in Fernsehen oder ab und zu einem Verwandtenbesuch erschöpften. Nein – nur so nicht! Das ist kein Leben – das will ich nicht! Die Tochter schrie innerlich auf, als sie erkannte, was Frausein für sie heißen würde – sie hatte ja kein anderes Vorbild. Nein, nein, so wollte sie nicht leben. Sie bäumte sich mit all ihrer Kraft auf und ... verweigerte sich. Sie stellte das Essen ein, magerte ab, und – endlich!, sie atmete auf – dann hörte auch ihre Periode auf, sie blutete schon fast ein Jahr nicht mehr. Sie war es los, das Frauenleben. Doch der Preis dafür war hoch. Es kostete fast ihr eigenes Leben – schön, gesund und stark war sie schon lange nicht mehr. Sie welkte dahin, wie eine alte Frau dem Tod zu. Das junge, blühende, fruchtbare Mädchen in ihr schlief den Todesschlaf. Von ihr war nichts mehr zu sehen als nur noch stachelige Dornen. Ihre Sprache bestand überwiegend aus ironischen, spitzen, verletzenden Worten, ihre Umgebung war für sie gestorben. »Die sind doch nur alle fett und denken ans Essen.« Aber in ihr weinte das Mädchen, das fröhlich und glücklich sein wollte, das einst mit leuchtenden Augen dem Leben zulief – dieses Mädchen versank in der Öde des Alltags, der Wohlstand heißt.

Doch dieser Todesschlaf war kein guter, einweihender. Sie träumte sich nicht erwachsen-werdend in ihr Frauenleben hinein. Dieser Schlaf endete nicht nach »hundert« Jahren, er dauerte an, raubte ihr nicht nur Kraft, Gesundheit und Schönheit, sondern versperrte ihr auch das Reich des Eros. Kein liebender Blick glitt über ihre ausgemergelte Gestalt, keine zärtliche Hand streichelte ihre spitzen Knochen, keine begehrenden Worte ließen sie erschauern, nie erreichte sie ein sehnsuchtsvoller Brief. All dies ist mit dem warmen, fließenden Blut verbunden. In der blutlosen Leere der Magersucht ist es kalt. Das Leben begegnet diesen unglücklichen Mädchen feindlich. Sie bleiben in der Vergangenheit stecken; ihr Geist haftet am längst überfällig gewordenen männlichen Leistungsstreben. Das Abitur mit 1,0 zu schaffen, das wird wichtiger als das ausgelassene, fröhliche Lachen eines jungen Paares beim heftig herbeigesehnten Rendezvous.

Wo sind die Frauen, die alten, die es vermögen, die jungen Mädchen an die Hand zu nehmen, um sie in das erregend lustvolle Dasein eines Frauenlebens in all seiner überraschenden Buntheit hineinzuführen? Gäbe es noch genügend Sapphos unter den Frauen, vielleicht würde dann die schreckliche Krankheit zum Tode, die Magersucht, nicht so vehement um sich greifen.

Die Initiations-Riten von früher hatten ihren Sinn, nahmen sie doch die Unsicherheit, alle Fragen, Zweifel und Ängste der heranwachsenden Menschen auf, führten sie ein in die Geheimnisse des neuen Lebensabschnitts und entließen sie mit der Gewißheit: »Ich gehöre zu euch – wir sind eine Gemeinschaft.« Heute versuchen Selbsthilfegruppen – gerade für eßgestörte oder drogenabhängige Menschen – ein wenig von dem auszugleichen oder zu vermitteln, was früher unerläßlich zur Erziehung der Jugend gehörte.

Der Schlaf

Dornröschen ist gehorsam – sowohl aktiv als auch passiv – ihren Weg gegangen. Sie ergreift beherzt die Spindel, das Instrument der weiblichen Energie, und fällt in den Schlaf der Identitätslosigkeit, begibt sich in die Übergangszeit und läßt nun passiv die Wandlung an sich geschehen. Dafür ist die Zahl Hundert sehr gut geeignet, denn bei Hundert hört das Zählen erst einmal auf, eine neue Zahl kommt nicht mehr hinzu. Wenn man weiterzählen will, muß man wieder von vorne beginnen: Einhunderteins, Einhundertzwei und so weiter. Wer in einer Fremdsprache bis Einhundert zu zählen gelernt hat – im Französischen wird dies besonders deutlich –, kann dann, ohne neue Zahlen hinzulernen zu müssen, beliebig weiterzählen, er braucht nur noch das Wort für Million und Milliarde zu kennen. Die Zahl Hundert bezeichnet also ein abgeschlossenes System. Deshalb muß Dornröschen nach dieser Zeitspanne auch wieder erwachen, denn bis dahin hat sie gelernt, was es zu lernen gibt. Was aber gehört zum Wissen – und zum Wesen – des Weiblichen?

Im folgenden Traum einer Frau wird etwas davon deutlich: »Ich bin mit meinem Mann in einem Schloßhof. Wir schauen uns in aller Ruhe um, da kommt auf einmal ein alter Mann zu uns und sagt zu meinem Mann: ›Wenn Sie die Kostbarkeit noch finden wollen, müssen Sie sich beeilen, denn hat es erst einmal zwölf Uhr geschlagen, ist sie unwiederbringlich verloren.‹ Ich überlege mir, daß wir das Gesuchte wohl am ehesten in dem Glockenturm finden könnten, da der alte Mann die Zeit erwähnt hat, und wir gehen hinein. In einem holzgetäfelten Raum stehen Vitrinen mit altem Porzellan und Schmuck. Mein Mann bleibt an einer Vitrine stehen und betrachtet die Gegenstände darin. Ich gehe aber zur Vitrine, die mitten im Raum steht, und nehme aus ihr ein marmornes kleines Kästchen. Ich öffne es, eine Taschenuhr liegt darin. Als ich die Uhr, die sehr schön ist, in meiner Hand halte, schlägt es zwölf – ich habe gerade noch die Kostbarkeit gefunden. Auf der Rückseite der Uhr sind zwei seltsame Sätze eingraviert: ›Nicht ins Licht sehen‹ und ›Bei aller Finsternis und in der Dunkelheit des Todes, ich bin deine Freude und dein Licht‹.«

»Nicht ins Licht sehen« heißt eine Botschaft des Traumes. Das Licht, die Helle des männlichen Intellekts blendet, es ist zum grellen Neonlicht der Reklamewelt und sogar zum Blitz einer Atombombenexplosion geworden. Das wahre Licht und die Freude sind in der Finsternis und in der Dunkelheit des Todes zu finden, lautet die zweite Botschaft des Traumes. Die Dunkelheit des Todes umgibt uns, wenn wir in den Armen unserer Mutter Erde geborgen schlafen – wie Dornröschen eine Zeitlang schlafen muß, um danach gewandelt ein neues Leben zu beginnen. Nur wer sich vertrauensvoll und selig wie ein Kind in die mütterlichen Arme der Nacht kuscheln kann, wird weder unter Angst noch unter Schlafstörungen zu leiden haben.

Den Tod als Erlösung bringenden Freund, die Nacht als Liebessehnsucht erfüllende Geliebte zu betrachten, das ist weibliche Weisheit. Dornröschen schläft den köstlichen Schlaf der Erneuerung. Wer will sagen, ob es ein Tod, ein Heilschlaf oder ein Liebesschlaf gewesen ist?

Beim Schlaf, in der Liebe und zum Heilen ist eines besonders wichtig: die Geduld. Nur wer vertrauensvoll warten, den anderen liebend dulden kann, erreicht sowohl das eigene wie des anderen Herz, kann schlafen und auch warten, und alles dies wird heilsam sein. Jede Mutter weiß, wie wichtig es ist, am Bett des kranken Kindes geduldig sitzen zu bleiben, es in Ruhe schlafen zu lassen, mit liebevollen Wünschen, die heilbringend sind, das Kind im Geiste begleitend. Psychotherapeuten wissen, daß geduldiges Abwarten des seelischen Prozesses oft nötiger sein kann als allzuviele Interventionen. Und viele Menschen haben die heilende Kraft der Träume an sich selbst erleben können. Träume heilen nicht nur, über das Träumen gewinnt man selbst die Kraft zum Heilen.

Dies ist recht spannend in einer indianischen Geschichte beschrieben: »Als ich ein Mädchen von zwölf oder fünfzehn Jahren war, befahl mir meine Mutter, recht auf mich achtzugeben und ihr gleich zu sagen, wenn mir etwas Ungewohntes vorkäme. Kurz danach mußte meine Mutter ausgehen und Holz sammeln, um eine kleine Hütte für mich zu bauen, die ich allein bewohnen mußte, da sich inzwischen die erwarteten Zeichen richtig eingestellt hatten. Während zweier Tage durfte ich keinen Bissen zu mir nehmen, ja sogar keinen Schnee anrühren, um den brennenden Durst zu stillen. Am Ende des zweiten Tages kam meine Mutter; nicht, um mir vielleicht Speise zu bringen, sondern um sich zu vergewissern, daß ich auch während jener Zeit ihr Gebot treu befolgt hatte. ›Schwärze dein Gesicht, und faste noch einige Tage länger, damit der Meister des Lebens über uns Erbarmen habe. Wenn die Sonne zweimal untergegangen ist, werde ich wiederkommen und hören, ob deine Träume Gutes bedeuten und ob du beim großen Geist angesehen bist.‹ Am Ende des vierten Tages kam meine Mutter wieder und brachte eine Kanne mit, in der sie Schnee für mich schmolz. Ich trank die Kanne bis auf den letzten Tropfen aus und verlangte mehr, bekam es jedoch nicht. ›Jetzt, liebes Kind‹, sagte sie dann, ›folgst du deinen Eingebungen und Träumen, und du wirst sehen, daß du dadurch mich, dich und die ganze Menschheit glücklich machen wirst!‹ Darauf ließ sie mich wieder allein.«

In der sechsten Nacht träumte das Mädchen seinen Einweihungstraum, in welchem es nacheinander verschiedenen Gestalten der geistigen Welt – den Geistwirk-Kräften in ihm selbst – begegnete und auch Aufgaben erfüllen mußte.

»»... Ich bin der Schleier, der den Eingang zum Paradies verhüllt, und bin geneigt, dich mit allerlei heiligen Gaben zu beschenken, wenn du die Prüfung bestehst, der du dich jetzt unterwerfen mußt!‹ Gleich darauf fielen Tausende von leuchtenden, nadelähnlichen Punkten auf mich, prallten aber wirkungslos an mir ab. Dies wiederholte sich mehrmals mit demselben Resultat. Danach drangen von allen Seiten scharfe nägelartige Körper in mein Fleisch, aber ich verspürte nicht den geringsten Schmerz, und die Stacheln fielen zuletzt unschädlich zu meinen Füßen nieder. ›Gut, gut!‹ rief da eine heilige Stimme, ›du wirst lange Tage sehen und den Meister des Lebens zum ewigen Freund haben. Jetzt aber geh wieder zurück in deine Hütte.‹«

Danach kam die Mutter und ermunterte sie, weiter fastend auszuharren, was sie gehorsam tat.

»... Als ich wieder allein war, kam eine runde Gestalt mit äußerst kleinen Händen und Füßen vom Himmel in meine Hütte geflogen und sprach zu mir: ›Ich gebe dir die Kraft, in die Zukunft zu sehen, damit du deinem Stamm nützlich sein kannst!‹ ... Ich war also eine Prophetin oder Medizinfrau geworden. Meine Mutter führte mich am Schluß meiner Fastenzeit wieder nach Hause und veranstaltete ein großes Fest, wozu sie alle Bekannten und Verwandten einlud, denen sie dann die Geschichte ihrer Glückstochter in den freudigsten Worten mitteilte.«[9]

Auch in dieser Geschichte finden wir Parallelen zum Dornröschen-Märchen. Die indianische Geschichte beginnt mit der Menarche des Mädchens und mit ihrer damit verbundenen Initiation zur Prophetin. Die Ähnlichkeit der Motive, die verschiedenen Kulturen entstammen, läßt jedoch auf ein gemeinsames Thema schließen: Die Einweihung zur Prophetin heißt auch die Entwicklung zur weiblichen Geistigkeit. Welche geheimnisvolle, aus den dunklen

Schichten der Seelen auftauchende Kraft kann die Frau dorthin führen? Es ist die Kraft der großen Muttergöttin Kybele, die Frauen hilft, die Selbstverwirklichung zu vollziehen, von der zwar viel geredet, die aber in ihrer wirklichen Form selten erreicht wird. Kybele heißt die chthonische Macht, sie ist Bestandteil, Urgrund jeder weiblichen – und im tiefsten auch männlichen – Psyche. Frauen dürfen sie nicht vergessen, können sie doch letztlich auf diese Stärke in sich vertrauen, zu der sie, anders als Männer, einen direkten Zugang haben. Die griechische Mythologie beschrieb Kybele als Göttin, der alle Wesen und Mächte der Erde, sowohl der guten, nährenden als auch der bösen, verschlingenden und zerstörenden, untertan waren. Ihre Wohnstatt sahen sie im Berg Ida, ihre Wirkungen fürchteten und begehrten sie, denn es sind die Wirkungen des großen Mütterlichen, das über Leben und Tod herrscht. Im Dornröschen-Märchen wird die Kraft der Kybele in allen dreizehn Feen symbolisiert.

Seherkraft zu erlangen, das heißt die Intuition weiterzuentwickeln zur Fähigkeit, Zukünftiges vorauszusehen, gehört ebenfalls zur Begabung des Weiblichen. Über die Seherin Kassandra hat Christa Wolf ein berühmt gewordenes Buch geschrieben, in dem sie meisterhaft darstellt, wie Kassandra als junges Mädchen die Geheimnisse der großen dunklen Göttin Kybele, gleichsam wie im Schlaf, des Nachts, kennengelernt hat: »Wie oft ich später jenen Weg gegangen bin, allein und mit den anderen Frauen – nie habe ich vergessen, wie mir zumute war, als Marpessa mich eines Abends in der Dämmerung zum Berg

Ida führte, den ich immer vor Augen gehabt, insgeheim als meinen Berg geliebt, oft und oft begangen hatte und zu kennen glaubte; wie Marpessa mir voran in eine buschbewachsene Bodenfalte eingetaucht war, auf Pfaden, die sonst nur Ziegen kletterten, ein Feigenwäldchen durchquert hatte, und wie wir plötzlich, von jungen Eichen umgeben, vor dem Heiligtum der unbekannten Göttin standen, dem eine Schar braunhäutiger, meist schmalgliedriger Frauen tanzend huldigte. Sklavinnen aus dem Palast sah ich unter ihnen, Frauen aus den Ansiedlungen jenseits der Mauern der Zitadelle, auch Parthena, die Amme, die vor dem Eingang der Höhle unter der Weide hockte, deren Wurzeln wie das Schamhaar einer Frau in die Höhlenöffnung hineinfielen, und die mit den Bewegungen ihres massigen Körpers den Zug der Tänzerinnen zu dirigieren schien. Marpessa glitt in den Kreis, der meine Ankunft nicht einmal bemerkte – eine neue, eigentlich verletzende Erfahrung für mich –, der sein Tempo allmählich steigerte, seinen Rhythmus verstärkte, schneller, fordernder, ungestümer wurde, einzelne Tänzerinnen aus dem Kreis schleuderte – auch Marpessa, meine beherrschte Marpessa! –, sie zu Gesten trieb, die mein Schamgefühl verletzten, bis sie außer sich gerieten, sich schüttelten, sich heulend verrenkten, in eine Ekstase verfielen, in der sie uns anderen unsichtbare Dinge sahen und schließlich, eine nach der anderen, als eine der letzten Marpessa, in sich zusammensackten und erschöpft niedersanken. Von Furcht und Schrecken erfüllt, floh ich, irrte lange umher, kam tief in der Nacht nach Hause, fand mein Bett bereitet, eine

Mahlzeit gerichtet, Marpessa neben meinem Lager wartend. Und am nächsten Morgen, im Palast, wie immer die gleichen Gesichter. Was ging vor? Wo lebte ich denn? Wie viele Wirklichkeiten gab es in Troja noch außer der meinen, die ich doch für die einzige gehalten hatte? Wer setzte die Grenze fest zwischen Sichtbarem und Unsichtbarem? Und wer ließ nun zu, daß der Boden, auf dem ich so sicher gegangen war, erschüttert wurde? ›Ich weiß, wer Kybele ist!‹ schrie ich die Mutter an.«[10]

Ich weiß, wer Kybele ist! Dies ist das Geheimnis der Frauen, die den leidvollen, aber auch bereichernden Weg der Emanzipation, die immer noch eher das Außergewöhnliche ist, gehen. Diese Frauen entwickeln nicht die Männlichkeit in sich – wie vielfach behauptet wird –, nein, sie finden zurück zu ihrer ursprünglichen Weiblichkeit; denn Kybele ist älter als Zeus und die Götter des Olymp. Die männlichen Gottheiten des Himmels lösten die ursprünglich weiblichen Gottheiten der Erde ab. Nicht mit Blitz und Donner, Wind und Hagelschlag erreichen Frauen ihre Ziele, sondern mit den Fähigkeiten und Möglichkeiten der Erde: aufnehmen, warten, entwickeln, gebären, nähren, tragen, stützen, sterben lassen und verschlingen. Man bezeichnet all dies oft als passiv, während Donner und Blitz aktiv zu sein scheinen. Doch wenn man genauer hinschaut, sind Blitz und Donner, Wind und Regen re-aktiv, während Wachstum ein direkt aktiver Vorgang ist.

Kairos

Es ging aber die Sage in dem Land von dem schönen schlafenden Dornröschen, denn so ward die Königstochter genannt, also daß von Zeit zu Zeit Königssöhne kamen und durch die Hecke in das Schloß dringen wollten. Es war ihnen aber nicht möglich, denn die Dornen, als hätten sie Hände, hielten fest zusammen, und die Jünglinge blieben darin hängen, konnten sich nicht wieder losmachen und starben eines jämmerlichen Todes. Nach langen langen Jahren kam wieder einmal ein Königssohn in das Land und hörte, wie ein alter Mann von der Dornhecke erzählte, es sollte ein Schloß dahinter stehen, in welchem eine wunderschöne Königstochter, Dornröschen genannt, schon seit hundert Jahren schliefe, und mit ihr schliefe der König und die Königin und der ganze Hofstaat. Er wußte auch von seinem Großvater, daß schon viele Königssöhne gekommen wären und versucht hätten, durch die Dornenhecke zu dringen, aber sie wären darin hängengeblieben und eines traurigen Todes gestorben. Da sprach der Jüngling: »Ich fürchte mich nicht, ich will hinaus und das schöne Dornröschen sehen.« Der gute Alte mochte ihm abraten, wie er wollte, er hörte nicht auf seine Worte.

Nun waren aber gerade die hundert Jahre verflossen, und der Tag war gekommen, wo Dornröschen wieder erwachen sollte.

Nun ist die Zeit des Übergangs, der Einweihung, der Wandlung vom Kind zum Weib vorüber, und Dornröschen kehrt zurück. Jetzt erst trägt sie eigentlich diesen Namen, denn erst jetzt blühen die Rosen an der Dornenhecke.

Bisher zeigte die Königstochter ihre stachelige Seite, die Dornen, in denen sich bereits viele junge Männer tödlich verstrickt hatten. Pubertierende Mädchen können ja tatsächlich – aus Angst und Unsicherheit vor der neuen Erfahrung mit dem anderen Geschlecht – recht stachelig, ruppig und abweisend auf männliche Annäherungsversuche reagieren und so dem ebenfalls noch unsicheren jungen Mann arg zusetzen. Die Widerborstigkeit der jungen Mädchen hat allerdings auch den Sinn, daß sie sich intuitiv dem anderen Geschlecht fernhalten wollen. Junge Leute sind in der Regel lieber in gleichgeschlechtlichen Cliquen beieinander; sie brauchen den Schutz der Gleichheit, um in aller Ruhe zu sich, zu ihrer Identität, zu finden.

Doch dann plötzlich ist es soweit, daß sie heraustreten aus der schützenden Hecke der Gleichgesinnten, die bisher die anderen weggestochen hat, und plötzlich kann es ihnen gar nicht schnell genug gehen, Erfahrungen mit den Andersartigen zu machen. Vielleicht ist dieses Erwachen heute aufgrund der Koedukation nicht mehr so kraß zu sehen – vielleicht überspringen junge Menschen einen wichtigen Entwicklungsabschnitt, der sie in die Tiefe ihrer seelischen Existenz führen könnte, wenn sie allzu schnell, allzu leicht und selbstverständlich Kontakte pflegen.

Diese Erfahrung mag im Märchen beschrieben sein in den vergeblichen Versuchen der jungen Prinzen, die Dornenhecke zur »Unzeit« zu durchdringen. Es war einfach noch nicht soweit, »die Zeit war noch nicht reif«, wie eine Redensart heißt. Verschiedene Gegebenheiten müssen zusammenstimmen, bevor ein Unternehmen glücken kann. Die Prinzen, die sich in den abweisenden Dornen verfangen hatten, hörten zwar von dem schönen Dornröschen hinter der Hekke, doch erst als der geeignete Zeitpunkt gekommen war, erzählte ein alter Mann dem rechten Königssohn von der schlafenden Prinzessin. Dieser Mann verkörpert wohl die alte Weisheit, das Wissen um den rechten Augenblick, Kairos genannt. Er hat offenbar noch einen Zugang zu den kosmischen Zusammenhängen. Die Alten bezogen in die Beobachtungen der äußeren Welt die Prozesse ihrer inneren Welt mit ein, entwickelten daraus ein natürliches, ganzheitliches Denken, das heute als völlige Neuerkenntnis der Wissenschaft gilt und stark propagiert wird.

Kairos ist ein griechisches Wort und heißt erfüllte Zeit, Zeitwende, der Augenblick der Entscheidung. In Indien gibt es eine Göttin namens Kali, ihr Name ist die weibliche Form von Kala = Zeit. Etymologisch ist Kala mit Kairos in Beziehung zu setzen, und dieses Wort wiederum steht in Zusammenhang mit kairoo = die Fäden eines Gewebes miteinander befestigen. Kairos heißt dann also genau: die richtige Ordnung in der Zeit. Die Verbindung mit dem Gewebe läßt die Zeit als weiblich, als Zeitgöttin erkennen. Wie sich die Fäden zu einem Gewebe zusammenschließen, so stellt die Zeitgöttin Sinnverbindungen her. Zeit ist von daher nicht rational, sondern irrational zu verstehen. Jeder kennt dieses Phänomen, daß Zeit und Zeit nicht dasselbe ist. Einem verliebten jungen Mädchen erscheint eine Woche bis zum Wiedersehen mit ihrem Freund wie eine »Ewigkeit«, die Tage »ziehen sich«. Eine Hausfrau, die vor dem Weihnachtsfest noch eine Menge zu erledigen hat, klagt abends ihrem Mann, »die Zeit rast nur so dahin, ich weiß gar nicht, wie ich das alles schaffen soll«. Eine halbe Stunde auf dem Zahnarztstuhl ist, objektiv gesehen, genau so lang wie eine halbe Stunde intimes Beieinandersein mit einem geliebten Menschen, aber subjektiv erlebt, könnte die halbe Stunde Intimität noch viel länger dauern, und die Hälfte der Zeit auf dem Zahnarztstuhl ist immer noch zuviel.

Wer will da wissen, wie lange der hundertjährige Dornröschenschlaf – rational geschen – dauert? Viele große »Geister« und Wissenschaftler, nicht zuerst und nicht zuletzt Albert Einstein, haben sich mit der Relativität der Zeit befaßt. Doch dieses Thema würde ein eigenes Buch füllen. In der Welt des Unbewußten gibt es keine »Zeit«, denn da ist im großen Gefäß der Seele alles miteinander, nebeneinander, gleichzeitig vorhanden, was die Menschheit, seit sie existiert, je erlebt hat, und wahrscheinlich auch das, was sie noch erleben wird, denn Zeit läuft ja, wie wir aus der Physik und vor allem der Metaphysik wissen, sowohl vorwärts als auch rückwärts – wenn man das überhaupt so bezeichnen kann.

»Als die Zeit erfüllet war ..«, heißt es in der Weihnachtsgeschichte, und Paul Schwarzenau zitiert in seinem Buch »Das göttliche Kind« eine Stelle aus dem Protevangelium des Jakobus. Josef hatte Maria am Tag der Geburt in eine Höhle geführt und war dann hinausgegangen auf der Suche nach einer Hebamme: »Ich aber, Josef, ging umher und ging (doch) nicht umher, und ich blickte hinauf zum Himmelsgewölbe, und ich sah es stillstehen und die Vögel des Himmels unbeweglich bleiben. Und ich blickte auf die Erde, und ich sah eine Schüssel stehen und Arbeiter darumgelagert und ihre Hände in der Schüssel. Aber die Kauenden kauten nicht, und die etwas aufhoben, hoben nichts auf, und die etwas zu Munde führten, führten nichts zu Munde, sondern alle hatten das Angesicht nach oben gerichtet. Und siehe, Schafe wurden umhergetrieben und kamen doch nicht vorwärts, sondern standen still; und der Hirte erhob die Hand, sie mit dem Stecken zu schlagen, aber seine Hand blieb oben stehen. Und ich blickte auf den Lauf des Flusses, und ich sah die Mäuler der Böcke darüber liegen und nicht trinken. Dann aber ging alles auf einmal wieder seinen Gang.«[11]

Diese Beschreibung des Jakobus um die wunderbaren Vorgänge während der Geburt Christi weisen eine erstaunliche Ähnlichkeit mit der Erzählung von Dornröschens hundertjährigem Schlaf auf: Hier wie dort erhebt jemand die Hand zum Schlagen, aber sie bleibt in der Luft stehen. Was im Märchen ein wenig kitschig und wie nachträglich zur Belustigung der Zuhörer Hinzugedichtetes wirkt – der Koch, der dem Küchenjungen eine Ohrfeige versetzen will –, erweist sich als ein viel älteres, auf urtümliche Menschheitserfahrung gegründetes Wissen um die Irrationalität des Zeitbegriffs. Dieses Stillstehen der Zeit entspricht dem Moment, in welchem jemandem plötzlich die Zusammenhänge der Ereignisse, die gerade für ihn wichtig sind, klar werden, indem er auf einmal den Sinn, der dahintersteckt, weiß. Ganz plötzlich fällt einem diese Erkenntnis zu – man spricht dann von einem »unglaublichen Zu-fall«. Viele kennen dieses Beispiel: Ich rufe jemanden an, den ich schon lange nicht gesprochen habe, und bei ihm klingelt das Telefon gerade in dem Augenblick, in dem er den Hörer abnehmen wollte, um mich anzurufen. Oder: Bei mir klingelt das Telefon, und ich »weiß«, es ist Frau X, obwohl ich es eigentlich nicht wissen kann, denn der Anruf war nicht abgesprochen.

Man fragt sich bei solchen Erlebnissen: Was bedeutet das? Was für ein Sinn steckt dahinter? Denn man spürt intuitiv, daß solche Gleichzeitigkeiten durch einen gemeinsamen Sinn miteinander verbunden sind.

Manche Menschen versuchen auch, direkt die Sinnhaftigkeit ihres Handelns oder ihres Daseins zu erkunden, indem sie ein Orakel befragen. Sie werfen die Münzen des alten chinesischen I Ging, des »Buches der Wandlungen«, sie legen die Karten des Tarot oder benutzen sonst eine Art des »Sehens hinter den Vorhang der Zeit«. Denn wenn es gelingt, einen Blick aus der Befangenheit des bewußten Vergangenheit-Gegenwart-Zukunft-Denkens hinauszuwerfen in die Zeitlosigkeit des Unbewußten, dann ist zu erkennen, daß alles mit allem stets verbunden ist, sich bewegt, aber nicht linear, sondern rhythmisch pulsierend, und so eine Ordnung, einen Sinn ergibt. Den Sinn kann man versuchen zu ergründen, den rechten Zeitpunkt kann man zu erspüren versuchen, doch »machen« oder rational zu folgern vermag man beides nicht. Sinn und Kairos bleiben irrational, sind nur auf intuitive Art zu erfassen.

So beschreibt dieses Märchen, daß der Königssohn nichts tun muß, um die Prinzessin zu erringen. Er braucht einfach nur zu kommen – aber natürlich zur rechten Zeit. Die anderen Königssöhne, die vor ihm schon ihr Glück versucht hatten, kamen jämmerlich in der Dornenhecke um – sie hatten den falschen Zeitpunkt gewählt.

Wir alle wissen, wie wichtig es ist, im Leben alles zur rechten Zeit zu tun. Alles hat seine Zeit – die Wochentage gehören der Arbeit, der Sonntag ist da, daß wir Ruhe und Besinnung pflegen. Wie wohltuend kann zum Beispiel die sonntägliche Stille in einem kleinen Dorf auf dem Lande sein, die nur unterbrochen wird vom Läuten der Kirchenglocken, die zum Gottesdienst rufen. Gerade im bäuerlichen Milieu kann man heute noch gut erleben, wie wichtig es ist, auf den richtigen Zeitpunkt zu achten. Die Früchte des Gartens und des Feldes müssen dann geerntet werden, wenn sie reif sind, und nicht, wenn sie bereits verfault auf der Erde liegen. Wenn man vor einem Gewitter das gerade getrocknete Heu nicht einbringt, ist der Futterbestand des Winters gefährdet, und die Saat, die man nicht im Frühjahr sät, wird zum Herbst nicht gereift sein. Im Sommerhalbjahr beschäftigt sich der Bauer mit Feld- und Gartenarbeit, im Winter fällt er Holz, repariert und bessert aus, was den Sommer über gelitten hat – früher war das die Jahreszeit für die Spinn-, Web- und Näharbeiten der Frauen.

Aber auch im zwischenmenschlichen Bereich ist es bedeutungsvoll, den richtigen Zeitpunkt zu erkennen. Ein Wort, eine Geste zur rechten Zeit mag entscheidend für die weitere Beziehung sein, wohingegen ein zum falschen Zeitpunkt begonnenes Gespräch, zum Beispiel wenn einer der beiden Partner gerade müde nach Hause gekommen ist oder seine Lieblingssendung im Fernsehen anschaut, zur größten Auseinandersetzung führen kann. Besonders das Liebesleben verlangt ein hohes Maß an Einfühlsamkeit für den richtigen Augenblick. Viele Paare leiden darunter, daß einer der Partner nicht genügend auf die seelische Verfassung des anderen achtet, wenn er selbst gerade sexuelle Wünsche hat und sich zuwenig Zeit zur erotischen Einstimmung nimmt. Hier sind Fingerspitzengefühl und Intuition unerläßliche Voraussetzungen für ein glückliches Miteinander, und es lohnt sich ganz gewiß, die Sexualität nicht einfach nur triebmäßig laufen zu lassen, sondern diesen Bereich durch Übung und Erfahrung zu einer höheren Stufe der Erotik zu kultivieren.

Kann man es lernen, den richtigen Augenblick zu erfassen? Sicherlich, denn die Fähigkeit tragen sowohl Frauen als auch Männer in sich; beide Geschlechter verfügen über die Funktion der Intuition. Frauen sind nur näher dran. Manche Menschen haben sie schon instinktiv im Laufe ihres Lebens entwickelt, für andere war dies vielleicht noch nicht so wichtig, doch je durchlässiger man wird für das Ahnungsvolle, das Irrationale, nicht logisch Erklärbare, um so weiter und tiefer kann man viele Lebenszusammenhänge erfassen. Der Königssohn im Märchen war offenbar solch ein junger Mann, der seine Intuition gut entwickelt hatte, denn er kam gerade zu dem Zeitpunkt in das Land, in dem Dornröschen schlief, als die hundert Jahre sich ihrem Ende näherten und Dornröschen ohnedies aufgewacht wäre. Nun mag es den Anschein erwecken, das Märchen würde uns sagen: Schau her, du brauchst nichts weiter zu tun, als abzuwarten, und alles wird sich von alleine zu einem guten Ende entwickeln. Das wäre sicher ein fataler Schluß. Zwar mußte der Königssohn nicht um die Prinzessin kämpfen, doch sicherlich trug auch er ein Schwert bei sich und wäre bereit gewesen, sich sein Glück tapfer zu erobern. Es heißt ja: »Ich fürchte mich nicht, ich will hinaus und das schöne Dornröschen sehen.« Das klingt klar, sicher und bestimmt. Da ist nichts zu spüren von Ängstlichkeit (»Und wenn ich da nicht durchkomme?«) oder Zweifeln (»Vielleicht warte ich doch lieber noch ... vielleicht geschieht ein Wunder«). Nein, der Königssohn war bereit, sein Können auf die Probe zu stellen. Diese Bereitschaft ist aber etwas anderes als ein trotziges »Ich will es jetzt oder gar nicht«, das vielleicht die anderen Jünglinge leitete, die mit ihrer Art von Draufgängertum und Tollkühnheit in der Dornenhecke steckenblieben.

Derjenige, der »mit dem Kopf durch die Wand« will und nicht vernünftig und realistisch seine Möglichkeiten und sein Können in bezug auf die zu bewältigende Situation abwägt, begibt sich unnötigerweise in Gefahr und bleibt oft auf halbem Wege stecken oder kämpft sich zu Tode. Das Geheimnis des Erfolges ist, daß man unablässig an sich arbeitet, seine Fähigkeiten in höchstem Maße entwickelt, klug und tapfer wird und den festen Willen hat, die gestellte Aufgabe zu meistern – und dann auf einmal geht alles wie von selbst. Es ist also gar nichts Magisches oder Zauberisches dabei, Erfolg zu haben – es ist einfach eine Frage des Fleißes, der Ausdauer und der Aufmerksamkeit für den richtigen Augenblick; man selbst kann somit bestimmen, ob einem etwas gelingt oder nicht.

Zu diesem Thema hat auch der Autor Otfried Preußler in seinem Buch »Die Abenteuer des starken Wanja«[12] etwas zu sagen: Wanja, der jüngste Sohn eines rechtschaffenen russischen Bauern, ist ein arger Faulpelz, der von Arbeit nicht viel hält. Er liegt lieber hinter dem Haus bei den Bienenkörben und läßt sich die Sonne auf seinen Pelz brennen. Eines Tages trifft er im Wald einen alten blinden Mann, der ihm erzählt, daß Wanja dazu ausersehen sei, Zar von Rußland zu werden. Doch um Kraft für diese Aufgabe zu sammeln, müsse er sich zunächst mit sieben Pelzen und sieben Säcken Sonnenblumenkernen auf den Backofen in der Wohnstube legen und dürfe mit niemandem auch nur ein Wörtchen reden. Er solle dort so lange bleiben, bis er stark genug geworden sei, im Liegen mit beiden Armen das Dach des Hauses anzuheben, so daß Mond und Sterne zu ihm hereinscheinen. Die Menschen in seiner Umgebung reagieren verständlicherweise recht irritiert auf Wanjas Verhalten, zumal er ihnen keine Erklärung dafür gibt, denn er muß ja schweigen. Trotz aller Bitten, Drohungen, Anfeindungen und üblen Tricks und auch – was wohl am schlimmsten ist – Selbstzweifeln bleibt Wanja seinem Vorsatz, Stärke zu gewinnen, treu, kaut brav seine Sonnenblumenkerne, und nachdem er den letzten Kern verspeist hat – inzwischen sind sieben Jahre vergangen –, ist es soweit: Eines Nachts stemmt er voller konzentrierter Kraft das Dach seines Vaterhauses in die Höhe und erblickt die Sterne und den Mond. Doch er ist noch keineswegs am Ziel, diese sieben Jahre waren erst der Auftakt, die Voraussetzung zu seiner Karriere. Nun muß er noch einige gefährliche Abenteuer bestehen, und dann erst wird er, wozu er von Anfang an berufen war: Zar von Rußland. Er wäre allerdings nie zu diesem Rang emporgestiegen, wenn er nicht in der Einsamkeit des Schweigens und des Sich-Begnügens mit dem Kachelofen und den Sonnenblumenkernen seine Initiation durchgehalten hätte. Auch er, der dann ein sehr guter, weiser Zar geworden ist, ging – gleich Dornröschen, Schneewittchen oder der Goldmarie – den Weg zum großen Mütterlichen, hier dargestellt in den Sonnenblumenkernen, einer Frucht der Mutter Natur, dem Ofen, einem uralten Muttersymbol, und dem nächtlichen Himmelsgestirn.

Wer gelernt hat, auf die Botschaften des Unbewußten zu achten, kann sich viele Irrwege ersparen, Unsicherheiten überwinden, und durch die Erkenntnis der eigenen Möglichkeiten, die in den Träumen sichtbar werden, erhöht sich auch das Selbstvertrauen. Vielleicht hat der Königssohn im Märchen vorher geträumt, daß sich ihm die Hecke öffnen würde, und so konnte er zuversichtlich auf sein Ziel zugehen. Den anderen Königssöhnen vor ihm wären wahrscheinlich warnende Hinweise in den Träumen erschienen, wenn sie darauf geachtet hätten, doch sie waren wohl zu sehr von der Machbarkeit dessen, was sie sich vorgenommen hatten, überzeugt, als daß sie sich auf die Sinnzusammenhänge der Situation konzentriert hätten.

Die Rosen des Eros

Als der Königssohn sich der Dornenhecke näherte, waren es lauter große schöne Blumen, die taten sich von selbst auseinander und ließen ihn unbeschädigt hindurch, und hinter ihm taten sie sich wieder als eine Hecke zusammen. Im Schloßhof sah er die Pferde und scheckigen Jagdhunde liegen und schlafen, auf dem Dache saßen die Tauben und hatten das Köpfchen unter die Flügel gesteckt. Und als er ins Haus kam, schliefen die Fliegen an der Wand, der Koch in der Küche hielt noch die Hand, als wollte er den Jungen anpacken, und die Magd saß vor dem schwarzen Huhn, das sollte gerupft werden. Da ging er weiter und sah im Saale den ganzen Hofstaat liegen und schlafen, und oben bei dem Throne lag der König und die Königin. Da ging er noch weiter, und alles war so still, daß einer seinen Atem hören konnte, und endlich kam er zu dem Turm und öffnete die Türe zu der kleinen Stube, in welcher Dornröschen schlief. Da lag es und war so schön, daß er die Augen nicht abwenden konnte, und er bückte sich und gab ihm einen Kuß. Wie er es mit dem Kuß berührt hatte, schlug Dornröschen die Augen auf, erwachte und blickte ihn ganz freundlich an.

Jetzt aber erblühen die Rosen. Wer kennt nicht die Rose als Symbol für die Liebe? Im antiken Griechenland wurde sie auch, ihrer Schönheit und ihres Wohlgeruchs wegen, der Göttin Aphrodite zugeordnet, die ja Göttin der Liebe war. Einige sagten auch, Aphrodite sei die Mutter des Eros gewesen. In der christlichen Symbolik erscheint die rote Rose im Zusammenhang mit dem Kreuz, sie weist auf die Schale hin, die das Blut Christi aufgefangen hat, und ist deshalb ein Zeichen für Auferstehung. Sie gilt aber auch als Ausdruck göttlicher Liebe. Im Mittelalter war sie das Attribut der Jungfrauen und gehörte deshalb ebenfalls zu Maria. Der hohe Symbolwert, den die Rose im Abendland trägt, entspricht dem Lotus in Asien, aus dem heraus das »Göttliche Kleinod« geboren wird, und in China kennt man die Geburt des Selbst, des höchsten, göttlichen Wertes, aus der goldenen Blüte. Daß die Rose Dornen trägt, zeigt, daß Freude und Leid nahe beisammen sind, daß gerade zur Liebe auch der Schmerz gehört. Und die Liebe wiederum ist ein wichtiger Ausgangspunkt zur Persönlichkeitsentwicklung.

Marie-Louise von Franz beschreibt dies in ihrem Buch »Die Erlösung des Weiblichen im Manne«: »Die Liebe mit ihrer Leidenschaft und ihren Schmerzen treibt die Entwicklung zur Individuation voran, denn es gibt keinen wirklichen Individuationsprozeß ohne Liebeserfahrung. Liebe quält und reinigt die Seele. Anders gesagt, Eros preßt den Schmetterling schmerzhaft an die Brust als Sinnbild für die Seele, die vom Gott der Liebe entwickelt und gemartert wird. Auf einer wunderschönen kleinen Gemme ist die Göttin Psyche von dem Gott mit den Händen auf dem Rücken an eine Säule gefesselt, die in einer Kugel endet. Man könnte sagen, daß durch dieses Bild die Ausgangslage des Individuationsprozesses in wundervoller Weise ausgedrückt ist; Eros, Psyche an die Säule fesselnd, die von einer Kugel, dem Symbol der nur durch Leiden zu erreichenden Ganzheit, gekrönt ist. Manchmal möchte man von einem Menschen, an den man gebunden ist, weglaufen, um der Abhängigkeit zu entgehen, aber Eros zwingt uns durch diese Bindung zur Bewußtwerdung. Die Liebe bringt uns dazu, alles zu wagen, und führt uns dadurch zu uns selbst. Einer der vielen Beinamen, die Eros in der Antike hatte, war deshalb ›Reiniger der Seele‹.«[13]

Eros heißt Gefühl und Beziehung, und das Ausgerichtetsein auf das Du ist das, was der Frau eigen ist, was ihr in die Wiege gelegt wurde. In der Frau gehört Eros, das weibliche Prinzip, zu ihrer Bewußtheit, während beim Mann der Eros in seiner Anima enthalten ist, die aber dem Unbewußten näher steht als dem Bewußtsein. Der Mann muß, will er Eros leben, seiner Anima erst zur Bewußtwerdung verhelfen, was viele Männer als sehr anstrengend erleben. Bleibt die Anima undifferenziert, muttergebunden, äußert sie sich höchstens in einer gewissen Launenhaftigkeit oder einer diffusen, depressiven Grundstimmung, und diese Männer leben lieber ihren Logos, denn darin kennen sie sich aus. Leider verzichten viele Männer auf die Entfaltung ihrer weiblichen Seite, sie bleiben Anima-identifiziert und verhalten sich in Beziehungen wie eine mimosenhafte, schnell und zutiefst kränkbare Diva mit einem Hang zur Sentimentalität. Wenn sie aber nur ihre bewußte männliche Seite leben, handeln sie beziehungslos, egoistisch, nur eigenen Interessen und Vorteilen nachjagend. Die einzige Chance, die solche Männer haben, ist, daß sie sich in eine Frau verlieben, die ihrerseits sowohl ihre weibliche als auch ihre männliche Seite gut entwickelt hat, und auch an dieser Beziehung festhalten (wie Frau von Franz es beschreibt) und an ihr arbeiten, selbst wenn es zu den unvermeidlichen Schwierigkeiten und Auseinandersetzungen kommt, die ja zu einer lebendigen Beziehung gehören. Die berühmten, aber auch berüchtigten Mätressen und Hetären der Weltgeschichte gehörten zu diesen geistvollen Frauen, die es verstanden haben, den Männern, denen sie nicht nur Liebesfreuden im Bett, sondern auch Klugheit in Regierungs-, Geschäfts- und Alltagsfragen geschenkt haben, das Heraustreten aus der Anima-Identifizierung zu ermöglichen.

»Mein Freund ist mein, und ich bin sein, der unter Rosen weilet. Komm, mein Freund, laß uns aufs Feld hinausgehen und auf den Dörfern bleiben. Laß uns früh aufstehen zu den Weinbergen, daß wir sehen, ob der Weinstock sproßt und seine Blüten aufgehen, ob der Granatbaum blüht. Da will ich dir meine Liebe geben«, heißt es im Hohenlied, dem unvergleichlich geistvollen Liebesgedicht des Salomo.[14]

Salomo, dessen Weisheit ja berühmt geworden ist, hatte wohl den Zugang zu den Quellen seiner weiblichen Geistigkeit gut entwickelt. Im Hohenlied wird nicht nur die Zartheit und Empfindsamkeit der Liebe, sondern auch ihre Leidenschaftlichkeit beschrieben, und einzigartig ist die Schönheit von Blumen, Früchten, Bäumen und Landschaften erfaßt.

Der weibliche Geist – auch Sophia genannt – ist eng mit der Pflanzenwelt verbunden, denn es waren zuerst die Frauen, die den Ackerbau betrieben. Sie sammelten Kräuter, Beeren und Früchte in Wald und Feld, und so wie aus dem Schoß der Mutter Erde alle Pflanzen sprießen, gebiert das Weib aus seinem Schoß. Die großen Göttinnen des Mittelmeerraumes wurden deshalb als Rosen – Isis, Ischtar – oder Kornähren – Demeter, Persephone, Artemis, Ceres – dargestellt. Ein weiteres wichtiges Symbol für den weiblichen Geist ist der Baum. In seinen Blättern raunt und rauscht der Wind, als Geistträger bekannt; in seiner Krone nistet der Vogel, ein Bild des freien, weit schwebenden Geistes; um seinen Stamm schlängelt sich als Wandlungssymbol die Schlange; und der junge Baum, der Sprößling, ist Sohn von Mutter Erde.

Heute allerdings steht der Baum nicht mehr als Symbol für die Kraft von Mutter Erde, für die ewige Erneuerung der großen Göttin, heute fällt uns zu »Baum« nicht mehr ein, daß wir geborgen im Schatten seiner Krone sitzen, uns ausruhend an seinen mächtigen Stamm lehnen können; die Linde vor dem Vaterhaus gehört höchstens noch zum verstaubten Repertoire eines Männergesangvereins, und der Nußbaum, unter dem glückliche Kinder spielen, fehlt in Lesebüchern von heute. Jetzt sehen wir am Baum, wie Mutter Erde stirbt; der Baum wurde zum Symbol für menschliche Hybris, Gedanken- und Beziehungslosigkeit, er steht – wie lange noch? – für Intelligenz, die in Wahrheit Dummheit ist, und für Fortschritt, der in Wirklichkeit Tod bedeutet.

Haben Frauen die Botschaft von Dornröschen nicht erkannt, oder waren sie bisher zu schwach, um sie zu verwirklichen? Die Botschaft von Dornröschen heißt Wandlung zur Entfaltung des weiblichen Geistes zur Weisheit der Sophia. Dornröschen kam als göttliches Mädchen, um aus dem kollektiven Unbewußten als Kraft, die in jeder Frau – und auch als Anima in jedem Mann – wirksam ist, die Individuation des einzelnen Menschen anzuregen, ihm die Möglichkeit zur Entwicklung des weiblichen Geistes, Sophia genannt, zu zeigen.

Was Sophia meint, hat Erich Neumann in seinem Buch »Die große Mutter« sehr anschaulich beschrieben: »Die Doppelheit der großen Göttinnen in ihrer Einheit von Mutter und Tochter kann die ursprüngliche und wurzelhafte Verbindung zum Elementarcharakter so weit verwandeln, daß sie auch als Sophia, als reines Geist-Weibliches auftritt, als weibliche Geistganzheit, in der alles Schwere und Dunkel überwunden ist ... Dieses Sophia-Weibliche, das als Blüte die höchste sichtbare Form seiner Entfaltung erreicht, verschwindet nicht in der nirwanahaften Abstraktheit eines männlichen Geistes, sondern sein Geist bleibt wie der Duft der Blüte immer an diese als an die irdische Grundlage der Wirklichkeit gebunden. Wandlungsgefäß, Blüte, die Einheit der mit Kore wiedervereinigten Demeter, Isis, die Mondgöttinnen, in denen die Lichtseite das Nächtliche ihrer eigenen Dunkelheit überwindet, sie alle sind Ausdrucksformen dieser Sophia, der höchsten weiblichen Weisheit. Im patriarchal christlichen Raum wird Sophia zwar prinzipiell von der männlichen Gottheit an die letzte Stelle zurückgedrängt, aber auch hier setzt sich der Geistwandlungsarchetyp des Weiblichen durch. So ist in Dantes Gesang die heilige weiße Rose, die der Madonna zugehört, die äußerste Lichtblüte, die sich oberhalb des gestirnten Nachthimmels als höchste Geist-Entfaltung des Irdischen offenbart.«[15]

Das Licht, das zur Dunkelheit gehört, ist ein anderes als das, welches die Finsternis hinter sich lassen will, sie nicht zur Kenntnis nimmt und das zum grellen Licht des beziehungslosen Logos-Prinzips geworden ist.

Das Licht des dunklen Weiblichen ist wie das Leuchten der geöffneten Blüten, ist wie der sanfte Schein eines wärmenden Feuers, wie das inspirierende Flackern einer Kerzenflamme. Dies ist das Licht, in dem Sophia erscheint, indem sie aus dem samtenen Hintergrund, der nachtblauen Dunkelheit ihrer Heimat, die Weiblichkeit heißt, hervortritt. Sie ist gemeint, wenn Dornröschen, vom Prinz geküßt, hinter der erblühenden Dornenhecke erwacht.

Hundert Jahre lang, die Zeitspanne des Übergangs vom Mädchen zur Frau, hat die Hecke sie geschützt. In diesem »heiligen Raum« konnte sie in aller Ruhe reifen, konnte sich zu ihrer vollen Schönheit, zur erblühenden Rose, entfalten. Nun erwacht auch der Hofstaat wieder, das Leben geht weiter. Das Königreich hat ein neues Paar. Da die schlafende Königstochter in sich hat reifen lassen, was zu ihrem Frausein in seiner Vollständigkeit gehört, ist sie jetzt in der Lage, die Beziehung zu einem Mann in ganz individueller Art einzugehen. Nun kann sie auch außen leben, was sie im Inneren entwickelt hat.

Das neue Paar

Und da wurde die Hochzeit des Königssohns mit dem Dornröschen in aller Pracht gefeiert, und sie lebten vergnügt bis an ihr Ende.

Ein junges Ehepaar kommt sehr verzweifelt in die psychotherapeutische Sprechstunde. Die fünfjährige Ehe ist schon lange auf dem Nullpunkt angelangt, war eigentlich nie gut. Die beiden haben nach nur kurzer Zeit des Kennenlernens geheiratet, weil ein Kind unterwegs war und die damals zwanzigjährige Frau sich nicht zutraute, dieses Kind alleine großzuziehen. Beide waren sie noch in der Ausbildung, sie brach ihr Studium ab, er führte das seine zwar zu Ende, doch nach der letzten Prüfung erhielt er keine Arbeitsstelle. Die kleine Familie lebte äußerst bescheiden, ja karg, denn sie entstammen beide keinen reichen Elternhäusern, die sie hätten unterstützen können. Das erste Kind war gerade ein halbes Jahr alt, als die junge Frau beim ersten Geschlechtsverkehr nach der Schwangerschaft erneut schwanger wurde – der Ehemann hatte immer noch keine Arbeit. Die winzige Wohnung war für nun vier Personen viel zu klein, und da das Paar sich nie wirklich geliebt hat – die beiden schliefen lediglich zweimal miteinander –, begann nun ein geradezu mörderischer Kleinkrieg zwischen ihnen. Sie hatten ja keine Möglichkeit, sich aus dem Weg zu gehen; außer einem gelegentlichen Spaziergang konnten sie sich aufgrund des Geldmangels weder kleine Vergnügungen noch sonstige Ablenkungen oder Entspannungen leisten. Längere Zeit änderte sich auch während der Paar-Gruppentherapie nichts, selbst das Therapeutenpaar wurde zunehmend ratlos und fühlte sich hilflos dieser verfahrenen Ehesituation gegenüber.

Eines Tages jedoch brachte die Frau einen Traum in die Gruppensitzung, in dem sie von einem ihr unbekannten jungen Mann begleitet wurde, mit dem sie eine nie gekannte intensive seelische Übereinstimmung erlebte: »Es war, als gehörten wir auf einer ganz tiefen Ebene zueinander – ein wunderbares Gefühl«, sagte sie, und ihre Augen leuchteten, wie ich es noch nie bei ihr gesehen hatte. Auf die Frage, ob sie dieses Gefühl schon einmal in wachem Zustand erlebt habe, überlegte sie eine Weile und sagte dann, fast ein bißchen verlegen: »Ja, neulich an Weihnachten, als ich in der Kirche beim Chorgesang ein Solo singen durfte. Ich gehe seit einiger Zeit in den Kirchenchor, und da sagen alle, ich hätte eine schöne Stimme.« Sie wurde ein bißchen rot vor Verlegenheit und berichtete dann weiter, daß sie in den Augenblicken, in denen sie singe, ihre ganze Misere vergesse, daß dann alles andere nicht wichtig sei und sie sich da lustvollen Gefühlen hingeben könne, die sie in der Sexualität noch nie erlebt habe.

Plötzlich ist eine eigenartige Stimmung in der ganzen Gruppe, es breitet sich zunächst etwas aus, das sich anfühlt, als ob eine zarte Schwingung den Raum erfülle. Die anderen Gruppenmitglieder hören zunehmend gespannt der jungen Frau zu, und dann beginnt einer nach dem anderen, erst zaghaft, dann immer mutiger, über ähnliche Erfahrungen zu berichten, die er bisher als nicht beachtenswert oder sogar lächerlich abgewertet und verschwiegen hatte. Nach kurzer Zeit ist die ganze Gruppe von freudiger Erregung gepackt, die Gesichter strahlen, und die Körper haben sich aus ihrer depressiven Zusammengesunkenheit zur gespannten Aufmerksamkeit aufgerichtet. Eros hat Einzug gehalten – der Raum ist erfüllt vom Geist, den man weiblich nennen kann, weil er nicht vom Intellekt, sondern vom Gefühl ausgeht. Und dann meldet sich auch der Ehemann der jungen Frau zu Wort. Er ist glücklich, daß seine Frau für sich einen Bereich gefunden hat, in dem sie sich verwirklichen kann, und sagt, daß er sie sehr gut verstehe, denn er erlebe ähnliche Gefühle, wenn er male.

Beide lächeln sich zu, und plötzlich haben sie einen Zugang zueinander auf einer Ebene gefunden, von der weder sie noch die anderen in der Gruppe je geahnt haben, daß es sie bei den beiden gibt. Nun hat diese Ehe eine neue Chance. Die Lösung kam nicht von außen – hier war eine totale Stockung eingetreten –, die Lösung konnte nur von innen kommen. Und sie erschien im Traum in der Person des unbekannten Geliebten oder des Prinzen, wie im Dornröschen. Die Vereinigung mit diesem Prinzen, die im Traum als tiefe Übereinstimmung, als Zusammengehörigkeit erlebbar wurde, bewirkt, daß die Träumerin ihre Sophia-Seite entwickeln kann.

Mann und Frau gehören nun einmal zusammen – äußerlich betrachtet. Biologisch gesehen, besteht der menschliche Organismus aus X- und Y-Chromosomen, also aus Weiblichem und Männlichem. Und im seelischen Bereich gibt es Anlagen, Fähigkeiten, Verhaltensweisen, die eher weiblichen Charakter aufweisen, auch bei Männern, und solche, die mehr männlichen Charakters sind, auch bei Frauen. Die seelisch-geistige Entwicklung des Menschen besteht darin, möglichst vieles des in ihm Angelegten im Laufe seines Lebens in die bewußten Lebensvollzüge hineinzubringen. Was auf der individuellen Ebene gilt, kann auch für die Ganzheit der Menschheit gelten. Es ist wichtig, daß das Bewußtsein aller Menschen sich mehr und mehr im Seelischen und Geistigen erweitert und verfeinert.

Wie kann sie aussehen, die neue Paarbeziehung? Sie wird sich einerseits verändern müssen – das alte Königspaar in diesem Märchen war nicht fruchtbar, nichts Neues wuchs in seinem Reich. Andererseits werden die bisherigen Werte, die stets für Beziehungen galten – Liebe, Zärtlichkeit, Respekt, Toleranz, Offenheit und anderes mehr –, weiter bestehen bleiben. Was aber muß neu hinzukommen? Im Märchen von Dornröschen gibt es einige Hinweise:

- der Frosch: eine Sexualität, die in die Tiefe des Sumpfes reicht;
- die dunkle Frau: eine abgründige, unerschrockene, auf ihrem Daseinsrecht bestehende Frau;
- die Spindel: eine aktive, intuitive weibliche Kreativität;

- der Schlaf: die heilende Kraft der Zeitlosigkeit des Unbewußten, der Träume, der Introversion;
- die Rosen: Hinwendung zum natürlichen Wachstum.

Wenn man Gelegenheit hat, Einblick in viele Lebensgeschichten zu nehmen, stellt man fest, daß die reife Sexualität in den meisten Ehen nicht gelebt wird. Häufig »gestatten« Frauen ihren Männern den Geschlechtsverkehr nur, weil sie meinen, es sei ihre Pflicht, weil sie seine schlechte Laune fürchten, die er dann oft auch an den Kindern ausläßt, wenn sie sich ihm verweigern, oder weil sie Angst haben, daß er sich eine Geliebte sucht, die ihm seine körperlichen Bedürfnisse befriedigt. Es scheint immer noch so zu sein, daß viele Frauen gar nicht wissen, welch breite und tiefe Dimension ihrer Sexualität sich ihnen eröffnen könnte, oder daß sie sich dieser Erfahrung aus Ängstlichkeit nicht hingeben wollen. Eine Frau, die nicht gelernt und erfahren hat, daß sexuelles Erleben – mit einem Mann, einer Frau oder auch mit sich selbst – ihr bisher unbekannte Höhen und Tiefen erschließt, lebt nur ihr halbes Leben, lebt ein Leben »auf Sparflamme«, das nie wirklich bunt und aufregend, nie voller Klang und Vibration, voller Rhythmus und spielerisch leichtem Tanz sein wird.

Sexualität in ganzem Ausmaß leben zu können, das ist wohl nicht möglich, solange Ängstlichkeit diesen Lebensbereich beherrscht. Einer Frau, die sich dieses oder jenes nicht traut, vieles nicht zutraut, die Schuldgefühle aufgrund ihres strengen Gewissens oder Strafe von seiten anderer fürchtet, seien es nun die Eltern, der Ehemann oder sonstige Personen, die das Gerede der Nachbarn oder die Kritik der Freundinnen scheut und endlich ihre Existenz als Frau im Grunde ihres Denkens in Frage stellt, bleibt der Zugang zum vollen sexuellen Erleben versagt. Unerschrockenheit in bezug auf ihr Dasein und ihr Sosein gehört zum Fundament für ein erfülltes Leben neben – nicht unter oder über – dem Mann. Sie darf sich nicht mehr abweisen lassen in ihrem Willen zum Glück. Er muß sehr stark sein, dieser Wille, der dem Wunsch nach Selbstverwirklichung entspringt. Und dazu braucht die Frau ihre ganze Kraft, auch die, welche in der nichtgelebten, der abgelehnten Seite der Persönlichkeit steckt. Sie braucht die Kraft der dunklen Göttin, der Hekate, wie sie im Mythos heißt, sie braucht die Kraft der Erde in ihrer Fruchtbarkeit, der Kybele, wie die Griechen sie nannten. Sie verändert nichts, wenn sie beleidigt, schmollend und grollend in einer Ecke sitzt und sagt: »Da sieht man's mal wieder, die (Männer) mögen mich doch nicht – es hat ja alles keinen Sinn – da bleib' ich lieber in meinen vier Wänden.« Nein – sie muß sich aufmachen, hinausgehen aus ihrer resignativen Einsamkeit und Depression, sich hinstellen vor die »Macher« und sagen: »Hier bin ich, ich will mein Recht, will, was mir zusteht, ich lasse mich nicht länger beiseite schieben, ich gehöre genauso dazu wie alle anderen.«

Eine Frau in einer Ehepaar-Gruppe sagte einmal erbost, enttäuscht und verzweifelt zugleich: »Sie (die Männer) haben das Geld, die Macht und den Schwanz.« Sie meinte damit, daß sie als Frau in einer abhängigen, ausweglosen Lage ist. Doch das stimmt nicht. Auch die Frau kann Geld verdienen, kann sich eine starke, einflußreiche Position im Arbeitsleben oder der Familie schaffen und kann ihre Sexualität zur differenzierten, sensiblen Erotik entwickeln, die den ganzen Körper umfaßt und die Seele miteinschließt. Sie bleibt dann nicht auf die vaginalen Empfindungen, die der Penis ihr bereitet, beschränkt und somit auch nicht mehr auf den Mann angewiesen. Bei einer solchen Frau hätte der »Macher«, der nur den sexuellen Vollzug mittels seines – oft so überschätzten – Penis kennt, keine Chance mehr, er müßte sich mehr, Feineres einfallen lassen, um überhaupt noch gefragt zu sein. So würde die durchsetzungsfähige Seite der Frau, die bereit ist, ihre ganze Aggressivität, notfalls sogar ihre Boshaftigkeit, einzusetzen, letztendlich etwas Schönes schaffen: die neue Empfindsamkeit. So lautet auch ein Buchtitel von Anaïs Nin, der großen Schriftstellerin und Feministin, die aber nie ihre sinnliche Weiblichkeit aufgegeben hat. Sie beschreibt in diesem Buch ein neues Frauen- und ein neues Männerbild, dessen Haupteigenschaften Sensibilität und Empfindsamkeit sowie Intuition und künstlerische Kreativität sind. Sie spricht davon, daß Frauen einen »schöpferischen Willen« entwickeln, daß sie selbst kreativ werden müssen, um damit gleich-fähig, gleich-berechtigt, gleich-beeinflussend in der bisher vom Mann bestimmten Gesellschaft zu werden. Als Beispiel erzählt sie die Geschichte von der Mutter Utrillos, des französischen Malers: »Weil sie arm war, war sie dazu verdammt, Wäscherin und Reinemachefrau zu sein. Aber sie wohnte am Montmartre zur Zeit, als die vielleicht größte Gruppe von Malern, die je zusammengekommen war, dort lebte, und sie stand ihnen Modell. Indem sie ihnen beim Malen zusah, lernte sie Malen. Und sie wurde selber eine namhafte Malerin: Suzanne Valadon.«[16]

Anaïs Nin beschränkt sich jedoch nicht auf das Schöpferische des Künstlers, sie meint jede Schöpfung im Leben: »Die Schöpfung eines Kindes, eines Gartens, eines Hauses, eines Kleides.« Sie bezieht sich auf schöpferische Tätigkeiten in allen ihren Ausprägungen, auf »die Fähigkeit zu heilen, zu trösten, das Lebensniveau zu erhöhen, das Leben durch unsere eigenen Leistungen zu verwandeln«.

Nun kann man Kreativität nicht einfach lernen wie Rechnen und Grammatik. Doch man kann sie, die in jedem Menschen – in unterschiedlicher Ausprägung – angelegt ist, hervorrufen und sich entfalten lassen, wenn man sich dem Unbewußten öffnet. Über das Beachten der eigenen Träume und Phantasien, das Schreiben von Traum- und Tagebüchern, wie es Anaïs Nin getan hat, gewinnt man allmählich einen Zugang zu sich selbst und zu den Quellen in der eigenen Tiefe. Zuerst wird man die Sicht des persönlichen Unbewußten, des Verdrängten, der Inhalte der eigenen Geschichte erreichen, doch später, wenn man weiterhin geduldig und konsequent Bilder des Unbewußten verfolgt, stößt man vor in die Schicht des kollektiven Unbewußten, des Überpersönlichen. Und da findet man auf geheimnisvolle Weise zu Verbindungen mit anderen Menschen, zu Beziehungen zwischen dem eigenen Unbewußten und dem Unbewußten des anderen, wie man es sich vorher nicht vorstellen konnte. Dies ist erregend und begleitet von einem Gefühl des Verbundenseins und der Geborgenheit, denn hier wird die persönliche, einengende Welt der familiären Gepflogenheiten, der elterlichen Anweisungen und Verbote überschritten, man tritt in die Sphäre des ursprünglichen Menschseins ein, und plötzlich ist es, als hätte ich den anderen schon immer gekannt, als wüßten wir beide um die tiefsten Geheimnisse voneinander. Solches Einander-Erkennen ist vielleicht gemeint, wenn es in der alttestamentlichen Sprache heißt: »... und er erkannte sein Weib.«

Um in diese Tiefen zu gelangen, braucht man Geduld und Ruhe. Man muß »aktiv warten« können, das heißt, es ist aktives Beachten der seelischen Vorgänge erforderlich, doch handeln darf man erst, wenn die Anweisung dazu vom Unbewußten kommt. Dieses seelische Gesetz ist dem biologischen der Schwangerschaft vergleichbar: Das wachsende Kind in sich tragend, bereitet die Mutter alles für seine Ankunft vor. Sie beschäftigt sich in Gedanken mit ihm, nimmt seine ersten Bewegungen wahr, ist glücklich über seine zunehmende Lebendigkeit. Doch sosehr sie es vielleicht schon voller Freude in die Arme schließen möchte, sie muß warten, bis es reif ist, ihren schützenden Leib zu verlassen, um das Licht der Welt zu erblicken. Es wäre weder gut für das Kind noch für die Mutter, würde man die Zeit der Schwangerschaft unterbrechen und den kleinen Menschen zu früh seinem Wachstumsraum entreißen; es könnte sein Tod sein.

Jede Frau erleidet nach einer abgebrochenen Schwangerschaft eine Depression, auch wenn sie diese zunächst nicht wahrnimmt oder ihren Gefühlszustand falsch einordnet. Im seelischen Bereich geschieht das gleiche. Auch hier verursachen zu früh beendete »Schwangerschaften« Depressionen oder sonstige Neurosen. Auch eine nicht ausgereifte Pubertät kann zu schwerwiegenden psychischen Erkrankungen führen. Gerade in der heutigen Zeit mit den vielfältigen Zerstreuungs- und Ablenkungsangeboten der verschiedenen Medien und Unterhaltungslokale werden junge Menschen in der für sie wichtigen Übergangszeit vom Kindsein zum Erwachsenen allzusehr verführt, den inneren Reifungsprozeß nicht bis zu seinem natürlichen Ende zuzulassen. Sie finden meist nicht die notwendige Ruhe für innere Prozesse, werden ständig – auch durch die beinahe unmenschliche Forderung nach schulischen Höchstleistungen – überfordert von äußeren, auf sie einstürmenden Einflüssen. Vielleicht wäre es sinnvoll, für den Abbruch von geistigen Schwangerschaften ebenso strenge Kriterien anzulegen, wie sie für die biologische Schwangerschaftsunterbrechung gefordert werden.

Im Märchen wird der Zeitpunkt zum Handeln durch das Erblühen der Rosen beschrieben. Dieses Bild verdeutlicht sehr schön die Gleichartigkeit von biologischen und seelischen Prozessen: Jede Pflanze braucht ihre Zeit zum Wachstum. Man kann auch hier nicht bewirken, daß die Rose sich schneller öffnet. Würde man es versuchen, hätte man sie zerstört. Ähnlich ist es in Partnerschaften. Auch wenn zwei Menschen zusammenleben, braucht jeder für sich Raum und Zeit, um sich in seinem Rhythmus weiter entwickeln und entfalten zu können. Man muß sich gegenseitig immer wieder in Ruhe lassen, respektieren, wenn der andere gerade mehr Zeit für sich und seine inneren Vorgänge braucht. Drängt man den Partner zu sehr, zu schnell in eine äußere Aktivität, verleitet man ihn, seinen natürlichen Prozeß abzubrechen, riskiert man, daß er (sie) nervös, irritiert oder sogar böse darauf reagiert, und schnell macht sich eine Beziehungskrise bemerkbar, von der beide oft nicht wissen, wie sie begann und worauf sie zurückzuführen ist.

Doch wenn die Zeit zum Handeln gekommen ist, muß man dies auch tun. Im Märchen erscheint die Aufforderung zum Handeln in Gestalt des Königssohnes. Die Zeit ist reif, die Rosen erblühen, das Leben beginnt erneut, die Früchte der Ruhe werden sichtbar. Im Traum der jungen Ehefrau erscheint wie in unserem Märchen ein junger Mann, ein Prinz, der ihre Aktivität oder – wie es im chinesischen Denken heißt – das Yang-Prinzip verkörpert. Nun muß sie etwas tun, muß das, was gereift ist, in die Tat umsetzen. Und dabei hat sie entdeckt – was Menschen immer wieder entdecken können –, daß sie, sobald sie für sich etwas verändert, indirekt auch den anderen, ihren Mann, zur Veränderung veranlaßt. Wenn einer etwas anders macht als bisher, kann der andere nicht umhin, auch anders zu reagieren, denn die gemeinsame Situation ist verändert. Soll diese Veränderung weiterführend und tragend für die Beziehung sein, muß sie allerdings aus den Tiefen der Psyche erwachsen, sie muß aus der Fruchtbarkeit des Sumpfes kommen wie der Frosch zu Beginn des Märchens.

Im Märchen von Dornröschen gehört also zum neuen Paar das aktive Hineinnehmen des weiblichen

Prinzips in die Paarbeziehung, wobei unter »Paarbeziehung« sowohl die Verbindung von zwei Menschen als auch die innere Verbundenheit von männlich und weiblich in einem Menschen verstanden werden kann.

Was heißt nun eigentlich Weiblichkeit, was gehört dazu, was macht sie aus? Der Unterschied von Mann und Frau wird deutlich in bezug auf das Kind, das beide verbindet beziehungsweise verbinden kann. Die Frau empfängt, trägt, wartet, gebiert, nährt. Sie läßt fließen. Aus sich heraus Blut und Milch, in sich hinein den Samen des Mannes. Der Mann empfängt kein Kind, er trägt es nicht in seinem Bauch, gebiert und nährt es nicht aus sich heraus. Das Empfangen-, Tragen-, Warten-, Gebären- und Nähren-Können der Frau ist keine Passivität, wie es oft fälschlich gemeint wird. All dies sind sehr aktive Vorgänge, die das Schöpferische, die Kreativität und Intuition, aber auch Aggressivität und Toleranz miteinschließen. Die im Märchen dargestellten Kräfte, die den dramatischen Fortgang bestimmen – der Frosch, die dreizehnte Fee, die Spindel, der hundertjährige Schlaf, die erblühende Hecke – und die vom alten zum jungen Königspaar führen, lassen die Wirkung weiblicher Kräfte recht deutlich erkennen, aber ebenso ihre Tendenz, mit dem Männlichen eine Verbindung herzustellen.

Dies wird es vielleicht auch sein, was das neue Paar sowohl auf der individuellen wie der kollektiven Ebene ausmachen wird: die stete, aktive Auseinandersetzung miteinander. Nicht im kriegerisch-kämpferischen Sinne, sondern zum Zweck des Einanderimmer-besser-Kennenlernens, Einander-Verstehens, Sich-einander-Annäherns. Das neue Paar kann nicht wie auf einem Rezept verschriebene Anweisungen für ein gelungenes Zusammenleben erhalten, aber es kann die Bereitschaft entwickeln, neugierig aufeinander zu sein, in Staunen vor dem Anderssein des Partners aufeinander zuzugehen, sich einander immer wieder anzuschauen im Gefühl völliger Fremdartigkeit und doch auch tiefer Vertrautheit, miteinander zu reden, als lerne man eine neue Sprache, die voller Überraschungen und ungewohnter Wendungen ist. »Ich kenne dich wie einen alten Vertrauten, als wären wir seit Urzeiten zusammen, und du bist mir erregend fremd, als kämest du von einem anderen Stern.« – So könnte die Beziehung von einem zum anderen und von mir zu mir selbst beschrieben werden. Das neue Paar kann geprägt sein von einer Weiblichkeit, die von unerschrockenen, sich gleichwertig und gleichberechtigt fühlenden Frauen dahingehend entwickelt wird, daß sie Kreativität, Intuition und Sensibilität sowohl für den Partner als auch für andere Bereiche des Lebens miteinschließt. Erotik kann die Liebesbeziehung bestimmen; voller Empfindsamkeit können alle Sinne benutzt werden, um die Sexualität, in all ihren Facetten durchspielend, sich zur höchsten Wonne emporschwingen zu lassen.

Der Bezug zur Natur würde für das neue Paar eine bedeutende Stelle einnehmen. Es würde nicht nur voller romantischer Gefühle auf einer Blumenwiese sitzen, sondern sie voller Ehrfurcht betreten wie einen heiligen Hain, würde in ihr und in jedem Baum und Strauch, in jedem Tier die weltliche Erscheinungsform Gottes sehen. Eine neue religiöse Hingabe könnte das Paar von morgen bestimmen, für die Sophia, die himmlische Weisheit, so selbstverständlich sein würde wie alles, was Männliches und Weibliches vereint. Kinder wären wieder göttlich, man würde ihr Dasein auf Erden als Hoffnung für den Frieden der Menschen untereinander, insbesondere aber zwischen Mann und Frau, betrachten.

So bist du, Dornröschen, die Prinzessin, die das Erbe des großen Weiblichen trägt, um es zu entfalten. Dann bist du Teil in jeder Frau und kannst in ihr die Kraft des Frosches, die Energie der dreizehn Feen, die Kreativität der Spindel und schließlich die Schönheit und Fruchtbarkeit einer wie zu Rosen erblühten Vereinigung von Frau und Mann verwirklichen.

Anmerkungen

1 Johannes Bolte, Georg Polivka, Anmerkungen zu den Kinder- und Hausmärchen der Brüder Grimm, Band 1, Hildesheim 1963, S. 44
2 Heide Göttner-Abendroth, Die Göttin und ihr Heros, München 1980, S. 143f.
3 Walter Schubart, Religion und Eros, München 1978, S. 27
4 Rosmarie Bog, Die Hexe, Zürich 1987, S. 24
5 Karl Kerényi, Töchter der Sonne, Zürich 1944, S. 103
6 Rüdiger Rogoll, Lieben und lassen, Freiburg 1988
7 Joachim Fernau, Sappho. Ein griechischer Sommernachtstraum, © by F. A. Herbig Verlagshandlung, München 1986, S. 43–46
8 Karl Kerényi, Töchter der Sonne, Zürich 1944, S. 103f.
9 Karl Knortz, Märchen und Sagen der Indianer Nordamerikas, Borowsky Verlag, München o.J., S. 90–95. Der Originaltitel der Erzählung lautet: »Memoiren der Tschigeunegon-Prophetin«.
10 Christa Wolf, Kassandra, © 1983 Hermann Luchterhand Verlag, Darmstadt und Neuwied, S. 23f.
11 Paul Schwarzenau, Das Göttliche Kind, Stuttgart 1984, S. 19f.
12 Otfried Preußler, Die Abenteuer des starken Wanja, Würzburg 1974
13 Marie-Louise von Franz, Die Erlösung des Weiblichen im Manne, Frankfurt a.M. 1980, S. 97f.
14 Das Hohelied, zitiert aus: Johanna Fürstauer, Eros im alten Orient, Wiesbaden, S. 302
15 Erich Neumann, Die Große Mutter, Olten und Freiburg 1956, S. 305
16 Anaïs Nin, Die neue Empfindsamkeit, Frankfurt a.M. 1982, S. 19

Weitere verwendete Literatur:
Mircea Eliade, Das Mysterium der Wiedergeburt, Zürich 1961
Marie-Louise von Franz, Zahl und Zeit, Stuttgart 1970
Richard Fester et al., Weib und Macht, Frankfurt a.M. 1985

Angela Waiblinger
Rumpelstilzchen

Gold statt Liebe
In der Buchreihe »Weisheit im Märchen«
120 Seiten, gebunden

Angela Waiblinger erzählt die Geschichte einer Analysandin, die – obwohl es ihr äußerlich an nichts fehlte – depressiv wurde, weil sie wirkliche Liebe nie erfahren hatte. Die Parallele des Erlebens dieser Frau zum Märchen »Rumpelstilzchen« ist so offensichtlich, daß es in der Analyse zum Modell wird, an dem das Lebensproblem der Analysandin und der Ausweg aus ihrer Depression anschaulich werden.

Angela Waiblinger
Grosse Mutter und göttliches Kind

Das Wunder in Wiege und Seele
Buchreihe »Zauber der Mythen«
166 Seiten, gebunden

In mythischen Bildern ist das Kind Symbol für neues Leben, für eine Wende zum Besseren. Die Autorin schildert die mythischen Motive, die um das göttliche Kind spielen, und deutet sie im Zusammenhang mit dem, was Mütter an ihren Kindern erleben.

Kreuz Verlag

Weisheit im Märchen
Herausgegeben von Theodor Seifert

Theodor Seifert · Schneewittchen

Angela Waiblinger · Rumpelstilzchen

Ingrid Riedel · Hans mein Igel

Helmut Remmler · Der Königssohn,
der sich vor nichts fürchtet

Verena Kast · Der Teufel
mit den drei goldenen Haaren

Hildegunde Wöller · Aschenputtel

Hans Jellouschek · Der Froschkönig

Lutz Müller · Das tapfere Schneiderlein

Franz Kaufmann · Der gestiefelte Kater

Rosmarie Bog · Das Wasser des Lebens

Hans Dieckmann · Der blaue Vogel

Helmut Hark · Der Gevatter Tod

Ursula Eschenbach · Hänsel und Gretel

Uwe Steffen · Die zwei Brüder

Helmut Barz · Blaubart

Olga Rinne · Die Gänsemagd

Viktor Zielen · Hans im Glück

Rudolf Müller · Jorinde und Joringel

Angela Waiblinger · Dornröschen

Kreuz Verlag